文化与翻译

贾卉 主编

黄淑芳 张之燕 副主编

華東理工大學出版社
EAST CHINA UNIVERSITY OF SCIENCE AND TECHNOLOGY PRESS
·上海·

图书在版编目(CIP)数据

文化与翻译 / 贾卉主编. —上海：华东理工大学出版社，2021.10(2022.7重印)

ISBN 978-7-5628-6554-4

Ⅰ.①文… Ⅱ.①贾… Ⅲ.①东西文化—比较文化—文化研究②英语—翻译—研究 Ⅳ.①G04②H315.9

中国版本图书馆CIP数据核字(2021)第162245号

项目统筹 / 芮建芬
责任编辑 / 侯湉丽
装帧设计 / 徐　蓉
出版发行 / 华东理工大学出版社有限公司
地址：上海市梅陇路130号，200237
电话：021－64250306
网址：www.ecustpress.cn
邮箱：zongbianban@ecustpress.cn
印　　刷 / 江苏凤凰数码印务有限公司
开　　本 / 890mm×1240mm　1/32
印　　张 / 5.375
字　　数 / 183千字
版　　次 / 2021年10月第1版
印　　次 / 2022年7月第2次
定　　价 / 45.00元

序　言

当今中西文化交流已经进入全方位深度交流的时期，通过交流，我们确信中西方之间从来都不存在不可逾越的鸿沟。行走在古今中西之间，让各国文化互相交融，取长补短，应是人类的共同愿景。文化与翻译既有趣，又非常有实践意义。

本书的特点如下：

1. 在内容上，学术性和实用性并重，既有文化比较和个案分析，又兼顾翻译练习。文化比较部分有助于读者提高文化翻译意识，并激发读者对文化的兴趣。个案部分挑选文化专题的代表性语篇进行分析，翻译练习也围绕相应的专题展开，注重翻译的实际应用要求。

2. 在选材上，包括英汉和汉英翻译，整体更加侧重于汉英翻译。相比同类题材的教材，增加的文化专题有中国神话、昆曲、哲学和建筑的翻译，符合推进国际传播能力建设，讲好中国故事，提高国家文化软实力的大趋势。

3. 在写作方法上，努力做到围绕典型的个案进行分析，针对某个文化专题提出有针对性的翻译方法，在尊重传统的前提下做出了原创性的努力，力图对文化翻译研究和实践起到一定的指导作用。

需要指出的是，文化是十分复杂的社会现象，中西方文化的交流从未停滞过，通过文化融合，呈现出你中有我，我中有你的文化态势。因此，本书里文化部分的比较和翻译方法只是抛砖引玉，并非提出任何单一或绝对的解决办法。

本书的编写得到了华东理工大学研究生教学用书的项目资助。本书总体框架、内容编排及大部分章节由贾卉负责。黄淑芳撰写第二章，张之燕撰写第五章，张宇和唐朝参与了第三章的编写，在此谨向他们表示诚挚的感谢。

感谢近年来参与“文化与翻译”课程学习的研究生。在课堂讨论中，学生们提供了很多新颖的视角和观点，教学相长，不断引领我们进行深层次的思考与研究。

由于时间有限，书画、武术和影视等专题未能展开。鉴于编者水平有限，本书难免有疏漏之处，欢迎广大读者批评指正，我们会总结经验，为提高文化翻译的质量，促进翻译人才的培养做出更多贡献。

贾卉

2021.5

目　录

第一章　概论

1.1　文化的概述 …………………………………… 1
1.2　翻译的定义 …………………………………… 5
1.3　译者的角色 …………………………………… 6
1.4　翻译策略 ……………………………………… 7
1.5　翻译方法 ……………………………………… 9

第二章　饮食文化与翻译

2.1　中西饮食文化比较 ………………………… 17
2.2　《查理和巧克力工厂》中食物的汉译 ………… 22
2.3　《喜福会》中食物的汉译 ……………………… 28
2.4　中文菜单英译 ……………………………… 35
2.5　中国文学经典中的饮食活动英译 ………… 38
翻译练习 ………………………………………… 46

第三章　服饰文化与翻译

3.1　中西服饰文化发展与比较 ………………… 48
3.2　《飘》中服饰的汉译 ………………………… 51
3.3　《沉香屑·第一炉香》中服饰颜色的英译 ……… 57
3.4　《红楼梦》中特色服饰的英译 ……………… 62
翻译练习 ………………………………………… 66

第四章　神话文化与翻译

4.1　中西神话比较 …… 69
4.2　济慈小诗《致荷马》中地名、神名的汉译 …… 72
4.3　《瓦尔登湖》中神话典故的汉译 …… 74
4.4　《山海经》的英译 …… 79
翻译练习 …… 83

第五章　戏剧文化与翻译

5.1　中西戏剧文化发展与交流 …… 87
5.2　《罗密欧与朱丽叶》的汉译 …… 88
5.3　昆曲版《罗密欧与朱丽叶》的英译 …… 91
翻译练习 …… 99

第六章　中西哲学与翻译

6.1　中西哲学比较 …… 101
6.2　西方哲学 being 的汉译 …… 104
6.3　杜兰特《哲学的故事》的汉译 …… 106
6.4　《道德经》的重要术语英译 …… 110
翻译练习 …… 116

第七章　建筑文化与翻译

7.1　中西建筑文化比较 …… 121
7.2　《建筑的古典语言》中 order 的汉译 …… 122
7.3　中国古典建筑的英译 …… 125
翻译练习 …… 133

参考译文 …… 136
参考文献 …… 155

第一章 概论

1.1 文化的概述

1)文化的定义

在汉语中,“文化”的词源最早出现于西汉刘向《说苑·指武》:“圣人之治天下,先文德而后武力。凡武之兴,为不服也;文化不改,然后加诛。”“文化”的基本含义为“文治教化”(王威孚,朱磊,2006:190)。英语中 culture 源自拉丁文 cultura 或 cultus,原意为“耕作”。

有关文化的定义五花八门,有成百上千条。在《辞海》中,“文化”的定义是:

> 广义指人类在社会实践过程中所获得的物质、精神的生产能力和创造的物质、精神财富的总和。狭义指精神生产能力和精神产品,包括一切社会意识形式:自然科学、技术科学、社会意识形态。有时又专指教育、科学、文学、艺术、卫生、体育等方面的知识与设施。作为一种历史现象,文化的发展有历史的继承性;在阶级社会中,又具有阶级性,同时也具有民族性、地域性。不同民族、不同地域的文化又形成了人类文化的多样性。作为社会意识形态的文化,是一定社会的政治和经济的反映,同时又给予一定社会的政治和经济以巨大的影响(2015:4117)。

《剑桥国际英语词典》(2004:317)对文化的定义是:“生活方式,

尤其是特定时期特定人群的普遍习俗和信仰(the way of life, esp. general customs and beliefs of a particular group of people at a particular time)。"

在学者对"文化"一词的诸多定义中,比较经典的是19世纪英国人类学家爱德华·泰勒(Edward Tylor)在《原始文化》(1871:1)一书中所提出的,"文化或文明,就其广泛的民族学意义来说,是一个复杂的总体,包括知识、信仰、艺术、道德、法律、风俗,以及作为社会成员所获得的其他一切能力和习惯(Culture or Civilization, taken in its wide ethnographic sense, is that complex whole which includes knowledge, belief, art, morals, law, customs and any other capabilities and habits acquired by man as a member of society.)"。

盖尔·罗宾逊(Gail Robinson)将众多文化的定义归类为不同的理论视角,如行为主义、功能主义、认知和动态视角,见下表(Katan, 2004: 18):

定义	侧重点
行为主义	共享和观察到的离散行为或行为集合
功能主义	作为行为的基础,可以通过行为观察到的共享规则
认知	人们心目中事物的形式,他们感知、联系和解释事物的模式
动态	内部模型和外部机制的动态相互作用

以上定义出自不同的学科需求,我们需要从翻译学学科出发,探索文化的定义。

纽马克(Newmark, 2001: 95)对文化的定义是:"我将文化定义为一个使用特定语言作为表达手段的社区特有的生活方式及其表现形式。更具体地说,我把'文化'与'普遍'和'个人'区分开来(I define culture as the way of life and its manifestations that are peculiar to a community that uses a particular language as its means of expression. More specifically, I distinguish "cultural" from “universal” and “personal”)。”此定义凸显了语言是文化的表达手段。

刘宓庆(1999:3-14)对文化的定义表现出鲜明的翻译学科本位特征:

①将语言视为文化的主体性基本表现手段;

②以意义的对应转换为价值观核心和基本取向;

③以文化心理为“求索”的鹄的;

④以审美判断为跨文化表现的杠杆。

2)文化的特征

结合上述定义,我们可以发现,文化具有以下几个方面的特征:

(1)共有性

这是指文化必须是在一定时期、一定范围内的社会成员所共有的,被广大成员接受的精神行为或它们的物化产品。如果只是个人的行为,则无法构成文化。

(2)民族性

文化是特定的社会成员所共有的产物。不同群体、民族的差异形成了不同的文化。比如,人们普遍认为中华民族勤劳朴实、吃苦耐劳,英国人具有绅士风度,美国人热情开放,德国人讲究精确和高效。

(3)传递性

文化生产出来是可以传递的,包括纵向传递(代代相传)和横向传递(地域、民族之间)两方面。从纵向传递来看,中国的传统文化大体上没有中断过,总的来说变化不大。横向传递有佛教文化传入中国,中国的儒家、道家思想走进西方。如《道德经》一书,英译本大概有500个版本,其影响之大由此可见。一个民族的生命力在于既保留文化传统,又能充分吸收各种适应时代要求的外来文化。

3）文化的分类

关于文化的分类，角度也多种多样。我们一般将文化分为两类。第一类是有形的，具有物质特征的物质文化；第二类是与之相对的精神文化。

斯特恩（Stern）根据文化的结构和范畴把文化分为广义（Culture with a big C）和狭义（culture with a small c）两种概念。广义的文化指的是人类在社会历史发展过程中所创造的物质和精神财富的总和，包括物质文化、制度文化和心理文化三个方面。物质文化是指人类创造的种种物质文明，包括交通工具、服饰、日常用品；制度文化和心理文化指生活制度、家庭制度、社会制度以及思维方式、宗教信仰、审美情趣。狭义的文化是指人们普遍的社会习惯，如衣食住行、风俗习惯、生活方式、行为规范等（许峰，2008：94）。

苏富忠（2004：262）以文化的七个要素作为标准进行要素分析的分类，得到文化的七个要素类型：形态型文化、目的型文化、思维方式型文化、意识状态型文化、历史—时代型文化、区域型文化、品质型文化。

刘景泉（2006）指出，文化可以归纳为四大类：造型文化，其主要表现形式是建筑、雕刻、造园等艺术；表现与再现文化，其主要形式是文学艺术，包括音乐、舞蹈、散文、小说、影视、戏剧等；规范行为文化，主要包括伦理道德、风俗习惯、法规原则等；探索与传承文化，是指人们探索客观规律并将知识传授、传播给他人的文化，包括各门科学、各类教育和各种新闻。

在翻译界比较有影响力的是奈达（Nida）对文化的分类（1945：196）：

①生态学 Ecology

②物质文化 Material Culture

③社会文化 Social Culture

④宗教文化 Religious Culture

⑤语言文化 Linguistic Culture

1.2 翻译的定义

基于不同的视角,学者对翻译的定义也各有不同。下面列举一些比较有代表性的定义。

纽马克(Newmark, 2001: 5)指出,翻译是"把文本的意义按照作者的意图用另一种语言表达出来(It is rendering the meaning of a text into another language in the way that the author intended the text.)"。

奈达和泰伯(Nida & Taber, 2004: 12)的定义是:"翻译,是指在译语中用最切近而又自然的对等语再现原语的信息,首先是意义,其次是文体(Translating consists of reproducing in the receptor language the closest natural equivalent of the source language message, first in terms of meaning, and second in terms of style.)。"

张培基、喻云根、李宗杰(1980)在《英汉翻译教程》绪论中写道:"翻译是运用一种语言把另一种语言所表达的思维内容正确而完整地重新表达出来的语言活动。"

以上中外学者对翻译的定义虽有差异,但都指出了翻译的本质是两种语言的意义转换过程。

吕俊和侯向群(2001:2)指出,"翻译从本质上看,是一种跨文化的信息传播。具体地讲,文学翻译是美学信息的跨文化传播,科技翻译是科技信息的跨文化传播,应用文体的翻译就是实用信息的跨文化传播"。

方梦之(2003:9)从翻译过程角度给翻译下的定义是:"翻译是按社会认知需要,在具有不同规则的符号系统之间传递信息的语言文化活动。"

孙致礼(2010:6)认为,"翻译是把一种语言表达的意义用另一种语言表达出来,以达到沟通思想感情、传播文化知识、促进社会文明,特别是推动译语文化兴旺昌盛的目的"。

这几位学者把翻译看作一种跨文化交际活动。翻译的目的是促进不同国家之间的文化交流，促进对彼此之间文化的认知和接受。翻译的过程就是进行有效的跨文化交际的过程，甚至可以推动译入语文化的繁荣兴盛。

1.3 译者的角色

翻译研究学者对译者有以下几种定位：

玛丽·斯内尔-霍恩比（Mary Snell-Hornby，1991：11）指出，“译者不仅要精通两种语言，还要精通两种文化（He or she is not only a bilingual but also a bicultural specialist.）”。

哈蒂姆和梅森（Hatim & Mason，2001：223）指出，“译者站在这个动态的交流过程的中心，是源语文本生产者和目的语接收者之间的调解人（Translator stands at the center of this dynamic process of communication，as a mediator between the producer of a source text and whoever are its TL receivers.）”。译者不仅要具有双语能力，还要有双文化视野，在不同文化（包括意识形态、道德系统和社会政治结构）间调解。

卡坦（Katan）采用塔夫特（Taft）的术语指出，译者不仅仅是语言调解人，还是文化调解人（a cultural mediator）。塔夫特详细地给出了“文化调解人”的定义（Katan，2004：12）：

> 文化调解人使得来自不同语言和文化的个人或团体之间的沟通、理解和行动得以顺利进行。调解人将一个文化群体的表述、意图、感知和期望向另一方阐述，也就是通过建立和平衡他们之间的沟通来履行职责。在这个意义上为了做好纽带，调解人必须能够在一定程度上参与两种文化，因此，调解人必须在一定程度上熟悉两种文化。（A cultural mediator is a person who facilitates communication，understanding，and action between persons or groups who differ with respect to language and culture. The role of the mediator is performed by interpreting the expressions，intentions，perceptions，and expectations of

each cultural group to the other, that is, by establishing and balancing the communication between them. In order to serve as a link in this sense, the mediator must be able to participate to some extent in both cultures and thus the mediator must be to a certain extent bicultural.)

奈达(Nida, 2001: 82)也指出,“对于真正成功的翻译来说,双文化能力甚至比双语能力更重要,因为单词只有在它们所在的文化中才有意义(For truly successful translating, biculturalism is even more important than bilingualism, since words only have meanings in terms of the cultures in which they function.)”。

因此,译者必须具备双文化能力,对源语和目的语文化都要有很好的了解。译者面对源语文本,看似处理单个的词,实际要面对两种文化,因此,译者不能仅仅关注语言层面的翻译,还要充分关注语言背后的文化,要培养对文化的自觉性和敏感性。

1.4 翻译策略

众多学者提出了不同的翻译策略和方法,此处将宏观方案称为策略,具体的操作手段和技巧称为方法。

学者提出的翻译策略以两分法为主,张美芳(2004)对其进行了归纳,比如奈达(Nida)提出的“形式对等”(formal equivalence)与“动态对等”(dynamic equivalence)、霍斯(House)的“显性翻译”(overt translation)与“隐性翻译”(covert translation)、格特(Gutt)的“直接翻译”(direct translation)与“间接翻译”(indirect translation)、图瑞(Toury)的“适当性”(adequacy)与“可接受性”(acceptability)、纽马克(Newmark)提出的“语义翻译”(semantic translation)与“交际翻译”(communicative translation),以及韦努蒂(Venuti)的“异化翻译”(foreignizing translation)与“归化翻译”(domesticating translation)。

1）归化

19世纪德国哲学家施莱尔马赫（Schleiermacher）提出，“译者要么尽可能地不打扰原文作者，让读者向原文作者靠拢，要么尽可能地不打扰原文读者，让原文作者向译文读者靠拢”（Venuti，2004：19-20）。美国翻译理论家韦努蒂（Venuti）将第一种方法称为“异化法”（foreignizing method），第二种方法称为“归化法”（domesticating method）

例如，傅东华（密西尔，1988）翻译的《飘》里对主要人物的人名采用的是归化的翻译策略，给他们冠以中国的姓氏。

Scarlett O'Hara 郝斯嘉
Rhett Butler 白瑞德
Melanie Hampton 韩媚兰
Ashley Wilkes 魏希礼

2）异化

异化是保留原文中的异国情调，使读者向作者靠拢。贾文浩、贾文渊（米切尔，2008）翻译的《飘》中的人名采用的就是异化的翻译策略。

Scarlett O'Hara 斯嘉丽·奥哈拉
Rhett Butler 瑞特·巴特勒
Melanie Hampton 玫兰妮·汉密尔顿
Ashley Wilkes 阿希礼·韦尔克斯

异化的翻译策略能够让译入语读者领略到源语的异域风情，为目的语文化注入新鲜的血液，丰富目的语的表达，促进文化之间的交流。

过度的归化和过度的异化都不可取。过度的归化有可能造成时空错乱，从而不能真正体现源语文化。过度的异化会使译文生硬，可读性差。

张美芳(2004)指出,这些两分法各有侧重,人们谈到异化翻译与归化翻译时的关注点在于是抵制外来文化,还是引入外来文化。

3)归化和异化相结合

在很多情况下,仅仅使用归化或者异化无法处理原文的文化因素,这就需要在归化和异化之间找到平衡。在对文本类型、作者写作意图、读者接受程度等层面进行分析后,选择恰当的翻译策略。

例如,在翻译《红楼梦》的人名时,霍克斯同样重视翻译中读者的因素。霍克斯(Hawkes)认为,西方读者要记住小说中数以百计且不知如何发音的名字有难度,然而译者要忠实于多个要素。译者要对原文作者负责,要对译文读者负责,还要对原文文本负责。基于这种认识,霍克斯另辟蹊径,对主要人物译音,比如黛玉(Dai-yu)、宝玉(Bao-yu);对丫鬟、下人译意,比如晴雯(Skybright)、袭人(Aroma);对道人、大士、真人、尼姑用拉丁文翻译,比如空空道人(Vanitas),给他们蒙上了几分神秘的宗教色彩;对戏班人员用法语来译,比如龄官(Charmante)(贾卉,2007:120)。

1.5 翻译方法

根据熊兵的分类(2014),异化策略下的翻译方法有零翻译、音译、逐词翻译和直译。归化策略下的翻译方法有意译、仿译、改译和创译。翻译技巧大致归为五种:增译、减译、分译、合译和转换。下文重点介绍翻译方法。

1)直译

张培基、喻云根、李宗杰(1980:13)把直译定义为:“所谓直译,就是在译文语言条件许可时,在译文中既保持原文的内容,又保持原文的形式——特别指保持原文的比喻、形象和民族、地方色彩等。但直译不是死译或硬译。”直译既能够保存原作中的生动形象,又丰富了译入语的表达。

以下是《红高粱家族》中的习语，葛浩文(Goldblatt，1993)采用直译的方法，保留了原文的异国情调。

习语	翻译
鲜花插在牛粪上	a pretty flower stuck into a pile of cow shit
调虎离山	to lure the tiger out of the mountain
管爷面前耍大刀	waving a sword at the door of the swordsman Lord Guan
死不瞑目	killing me won't close my eyes
落汤鸡	drenched chickens

2)零翻译

零翻译，即不翻译，直接把源语的某些成分移植到目的语中。比如源语中由于语言拼写特点造成的文字游戏，可以考虑使用零翻译。以狄更斯的《大卫·科波菲尔》(*David Copperfield*)中的句子为例(转引自姜燕，2012:87-88)

原文:I love my love with an *E*, because she's *enticing*; I hate her with an *E*, because she's *engaged*; I took her to the sign of the *exquisite*, and treated her with an *elopement*; her name's *Emily*, and she lives in the *east*.

董秋斯译:我爱我的爱人为了一个E,因为她是Enticing(迷人的);我恨我的爱人为了一个E,因为她是Engaged(订了婚了)。我用我的爱人象征Exquisite(美妙),我劝我的爱人从事Elopement(私奔),她的名字是Emily(爱弥丽),她的住处在East(东方)。

陆乃圣译:我爱我的心上人,因为她那样地叫人入迷(enticing);我恨我的心上人,因为她已订婚将作他人妻(engaged);她花容月貌,无可比拟(exquisite),我劝她私奔跟我在一起(elopement);她的名字叫埃米莉(Emily),她的家就在东城里(east)。我为我的心上人呀,一切都因为这个E!

原文是一段嵌字顺口溜,原文中的六个单词enticing、engaged、exquisite、elopement、Emily、east的首字母都是E。董秋斯的方法是直接保留寓意巧妙的英文单词,再采用括号注解。陆乃圣为了保留字母E,采用了汉字“迷”“妻”“拟”“起”“莉”“里”,达到押韵的效果,同时用括号注释英语单词。这两个译文都将英文的成分移植到了译文当中。

3)逐词翻译

逐词翻译是指在翻译中不考虑译入语是否符合规范,将原文语句一个词(字)一个词(字)地对译。这种翻译方法多用于比较语言学或其他学术上的需要。

霍克斯翻译的《杜诗初阶》包括英语背景介绍、原诗汉字对照拼音、主题、形式、注解、逐字翻译、散文翻译等。以霍克斯对《登高》“风急天高猿啸哀,渚清沙白鸟飞回。无边落木萧萧下,不尽长江滚滚来。万里悲秋常作客,百年多病独登台。艰难苦恨繁霜鬓,潦倒新停浊酒杯”的逐词翻译为例(拼音略去),为了帮助读者理解,其后附上了相应的翻译(Du, 1967: 204-205):

Exegesis

Wind keen sky high apes scream mourning
Islet pure sand white birds fly revolving
Without limit falling tress bleakly-bleakly shed
Not exhaustible long river rolling-rolling come
Myriad-li melancholy autumn constantly be traveller
Hundred-years much sickness alone ascend terrace
Difficulties bitter-regrets proliferate frosty temples
Despondent newly stop muddy wine cups

From a Height

The wind is keen, the sky is high; apes wail mournfully.

The island looks fresh; the white sand gleams; birds fly circling.

An infinity of trees bleakly divest themselves, their leaves falling, falling.

Along the endless expanse of river the billows come rolling, rolling.

Through a thousand miles of autumn's melancholy, a constant traveller

Racked with a century's diseases, alone I have dragged myself up to this high terrace.

Hardship and bitter chagrin have thickened the frost upon my brow.

And to crown my despondency I have lately had to renounce my cup of muddy wine.

4）音译

音译是指把源语中的词语用目的语中发音相近或相同的文字符号表现出来的翻译方法。当源语中特有的文化词汇在译语中没有对等语的时候,可以考虑使用音译法。比如：

豆腐 tofu	sofa 沙发
功夫 kung fu	Coca-Cola 可口可乐
道 Dao/Tao	disco 迪斯科

5）意译

意译是用规范的译文正确表达原文的意思,但不一定保留原文的形式。如果原文不适合用直译法时,就应当采用意译法。比如上文提到的"调虎离山"可以意译为 to lure the enemy from the base。

6)仿译

仿译指译者不拘泥于原文的意义细节、词汇和句法结构。熊兵(2014:86)指出,"要么通过删减浓缩的减译方式只是译出其概义或要旨或关键信息(或者只是选择性地译出其某些信息),要么通过增添扩充的增译方式译出比原文更多的信息"。例如:

原文:满树金花、芳香四溢的金桂;花白如雪、香气扑鼻的银桂;红里透黄、花朵味浓的紫砂桂;花色似银、季季有花的四季桂;竞相开放,争妍媲美。进入桂林公园,阵阵桂香扑鼻而来。

译文:The Park of Sweet Osmanthus is noted for its profusion of osmanthus trees. Flowers from these trees in different colors are in full bloom which pervade the whole garden with their fragrance of their blossoms.(引自张宁,2000:56)

旅游类汉语文本多运用抽象、夸张、华丽的辞藻,以及对仗工整的诗句、典故等来描述景观,英语译文则简洁、语言平实。

美国语言学家卡普兰(Kaplan, 1966)分析了不同语言学习者的思维特点,认为英语文化思维模式呈直线型,而东方语言文化思维模式是螺旋型的,并且采用以下图示来进行说明:

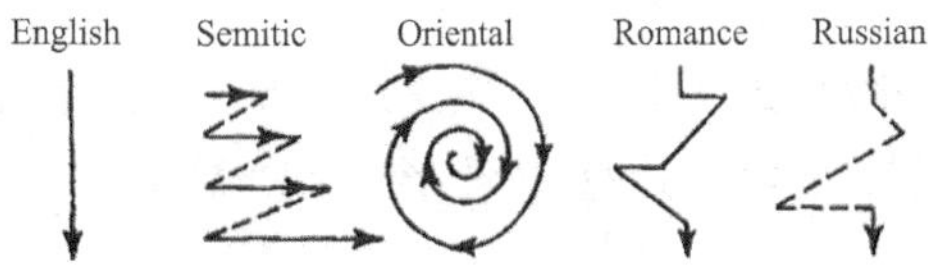

许多学者持类似的观点,其中国内有代表性的是连淑能(2002)将中西思维模式进行了对比,从总体的和相对的角度总结出了以下10对基本特征:伦理型与认知型、整体性与分析性、意向性与对象性、直觉性与逻辑性、意象性与实证性、模糊性与精确性、求同性与求

异性、后馈性与超前性、内向性与外向性、归纳型与演绎型。

因此，译者在翻译时要时刻想到中外文化的差异，特别是思维方式的差异，必要时灵活处理。

考虑到译入语读者缺乏对源语文化背景知识的了解，译者在翻译时可以加以注释。接下来先介绍跟注释有关的“厚译”和“副文本”两个概念。

“厚译”(thick translation)，是美国翻译理论家阿皮尔(Appiah)提出的理论，也被翻译为“厚翻译”“深度翻译”“丰厚翻译”“稠密翻译”等。周领顺和强卉(2016:103)介绍道：

> 阿皮尔的“厚译”指的是“以评注或附注的方式力图把译文置于深厚的语言和文化背景中的翻译”(Appiah, 1993: 817)，借以呈现源语文本发生的语境，进而使被文字遮蔽的意义与译者的意图相融合。阿皮尔(Appiah, 1993: 817)说：“我考虑过一种不同的文学翻译概念，即一种其意在文学教学中有用的翻译观，而今天我似乎认为，这样的‘学术’翻译，即以评注或附注的方式力图把译文置于深厚的语言和文化背景中的翻译，显然有实行的价值，我一向把这种翻译称为‘厚译’。”
>
> …………
>
> 研究性内容的多寡，是决定“厚译”真正厚重的直接因素。知识性注释又包括解释性注释、指示性注释和对比性注释三类；研究性注释包括发现性注释和质疑性注释两类(2016:106)。

“厚译”其表现形式为脚注、尾注、文内释义、序言、献词、附录、后记、术语表等延展手段。这些表现形式和“副文本”的形式有交叉之处。

“副文本”(paratext) 这一概念是由法国叙事学家、文学理论家杰拉德·热奈特(Gérard Genette) 提出来的，指的是“在正文本和读者之间起协调作用的、用于展示作品的一切言语和非言语的材料”[the verbal or other materials (prefaces, postfaces, titles, dedications, illustrations) and a number of other in-between phenomena that mediate between the text and the reader and serve to “present” the work) Genette，1997：1]。

内副文本包括封面、标题、序言、注释、后记、出版信息、插图和题词等，是文本内部呈现的信息；外副文本是指由译者与出版社为读者提供的关于该书的相关信息，如访谈、翻译笔记、评论等（Genette，1997：7）。副文本因素能为文本提供一种氛围，为读者阅读正文本提供一种导引，参与正文本意义的生成和确立。

以郝玉青翻译的《射雕英雄传》第一卷为例，译本正文后有三个附录。在附录一（A Note on the Use of the Terms “Martial Arts”，“Kung fu”，etc.）中，译者解释了 martial arts 和 kung fu 两个词；在附录二（The “Condor Controversy”）中，译者说明了自己为什么把“雕”翻译成 condor；附录三（Notes on the Text）即对正文的注释，共有 31 条，内容涉及人名、地名（如中都）、少数民族语言（如 ger 在蒙古语中指“家”）和历史事件（如靖康之耻）等。例如，译本第 10 页上对 Quanzhen School 的注释：

> The Quanzhen School is a branch of Taoism that was founded by Wang Chongyang under the rule of the Jin. According to the school's own legend，Wang met two immortals in the summer of AD 1159，who trained him in secret immortally rituals. Upon a second meeting，he was given a set of five instructions which led him to set up residence in a grave in the Zhongnan Mountains and dedicate himself to his training for three years. After seven years on the mountain，Wang met the first of his seven disciples. Each established their own branch，ensuring the school's thinking would survive to this day. (Jin，2018：386)

这段注释详细解释了全真派创始人王重阳是如何在机缘巧合之下遇到仙人传授长生秘诀并创立全真派的故事。不了解金庸小说的英语读者对此应该比较陌生，通过注释的方式向读者详细解释，减少读者在阅读中的陌生感和距离感，同时求仙问道的故事也会增添阅读的趣味性（刘露，贾卉，2019:91）。

7）改译

与“仿译”不同，“改译”译文的内容则与原文有异。如果照搬原文会造成文化误读时，可以采用改译。

霍克斯的《红楼梦》译本避开“红色”就是一个极好的例证。霍克斯认为，“红楼”是富贵人家千金的闺房或是富贵人家千金，直译《红楼梦》为 *The Dream of the Red Chamber*，会给译入语读者带来不一样的联想意义，会引起误解：一个人睡在一个红颜色的房间里——具有吸引力和神秘感。因此，在翻译书名时，他避开“红”字而有意采用了另一书名《石头记》，译为 *The Story of the Stone*（Hawkes, 1973: 19），他认为英语中与“红”的内涵意义接近的颜色是“绿”，代表“春天”“活力”或“财富”（ibid.: 45），又将“怡红院”“怡红公子”分别译为 The House of Green Delight 和 Green Boy。

8）创译

“创译”是创造性的翻译，与“改译”不同的是，创译的译文在意义和形式上与原文几乎已没有多少关联。

颜连科小说《受活》的英译本书名是 *Lenin's Kisses*。“受活”是豫西地区使用的方言词汇，是“享乐、快活”的意思。如果直接音译，显然无法传达其意义，于是译者结合小说情节重新拟题为“列宁之吻”，体现出对原作中描写的荒诞行为的讽刺，激发译入语读者的兴趣，因此而受到好评。

其他的例子有：

Uncle Tom's Cabin　　《黑奴吁天录》

《尘埃落定》　　*Red Poppies*

译者必须要具备双语能力和双文化视野，切实做好文化调解人的角色，根据原文特点，合理运用翻译策略和翻译方法，使译文能被目的语读者接受，从而成功地进行跨文化交际活动。

第二章 饮食文化与翻译

2.1 中西饮食文化比较

1)饮食文化在中国的重要地位

中华文化自古以来特别强调饮食的重要性，大家耳熟能详的“民以食为天”就是这种价值观最直接的反映。冯友兰(2012:24-27)认为，中国的哲学思想的形成与中国一直以来重视农耕经济是密不可分的。而农业生产则直接关系到食物供给是否充足，社会是否稳定等重大问题。

在中国传统文化中，食物的重要性并不仅仅局限于满足基本的生存需要，还体现在由饮食出发，形成了包括技术、礼仪甚至政治、伦理等多方面的综合性的饮食文化。古人也经常用与饮食相关的故事来阐明人生哲理和治国之道。如《庄子·养生主》中“庖丁解牛”的故事，说明技艺精湛则游刃有余。解牛的故事不仅仅关乎技术，由此还可以引申出更多道理：“善哉！吾闻庖丁之言，得养生焉。”(魏家海，赵海莹，2017:260)

关于饮食与礼仪，《礼记·礼运》这样说：“夫礼之初，始诸饮食。”(戴胜，2016:172)《管子·牧民》这样说：“仓廪实则知礼节，衣食足则知荣辱。”(管子，2000:1)《庄子·逍遥游》也用饮食来说明要实现远大志向必须做好充分准备的道理：“适莽苍者，三餐而反，腹犹果然；适百里者，宿舂粮；适千里者，三月聚粮。”(魏家海，赵海莹，2017:239)《周书·洪范》中论治国之道，食物位于八政之首：“八政：

一曰食，二曰货，三曰祀……”（魏家海，赵海莹，2017：171）。由此可见，在中国，食物绝非仅仅为了果腹，与饮食相关的行为和思想已经渗透到了国计民生的方方面面。

古训如此，当代生活也如此。近年来非常火爆的电视节目《舌尖上的中国》就是一个很好的证明。一档美食节目吸引了国人甚至是全世界的目光，因为它不仅仅是关于食物的节目，更是关于美景、亲情和乡愁的文化盛宴。食物与饮食活动在中国人生命中的重要性还生动地表现在语言中，易中天（2018：18）在《闲话中国人》中，列举了与“吃”相关的短语和俗语，认为“说中国文化是一种‘食的文化’，也没什么大错”。

> 首先，人就是“口”，叫人口……人既然是口，谋生也就叫“糊口”，职业和工作也就是“饭碗”。干什么工作，就叫吃什么饭。修鞋补锅是吃手艺饭，说书卖唱是吃开口饭，当教书匠是吃粉笔灰，出租房屋是吃瓦片儿。总之，靠山吃山，靠水吃水。如果自己不谋生，靠积蓄过日子，就叫“吃老本”，粤语叫“食谷种”。老本总有吃完的一天，就叫“坐吃山空”。老本吃完，或并无老本可吃，就“喝西北风”，粤语叫“吊砂煲”。砂煲是用来煲饭吃的，居然吊了起来，显然是无米可炊，文雅的说法叫“悬磬”。（易中天，2018：17）
>
> …………
>
> 诸如此类的说法还有很多。比如思索叫“咀嚼”，体验叫“品味”，嫉妒叫“吃醋”，幸福叫“陶醉”，司空见惯叫“家常便饭”，轻而易举叫“小菜一碟”，学风浮躁叫“浅尝辄止”，理解深刻叫“吃透精神”，广泛流传叫“脍炙人口”，改变处境叫“苦尽甘来”。此外，如吃苦、吃亏、吃不消、吃不准、吃得开、吃里爬外、吃不了兜着走、不吃那一套，以及生吞活剥、囫囵吞枣、秀色可餐、食古不化等，都是见怪不怪的说法……（易中天，2018：18）

由此可见，饮食文化的确在中国文化中占有不可或缺的重要地位，无论是市井生活还是政治经济，无论是街头巷尾的闲话还是著书立说的名言，总离不开饮食以及由饮食而引发的深刻思考。

2）中西饮食文化对比

西方是一个宽泛的概念，很难一言以蔽之，英国、法国、西班牙、意大利、东欧各国以及北美各国都有自己独特的饮食文化。然而，为了方便讨论，我们只能用白描一般的简化方式来勾勒一下中西方在饮食文化方面比较突出的特点。

(1) 食材选择与饮食结构

在外国人眼里，中国人在食材的选择上有来者不拒的胸怀，只要是可以入口的，哪怕有毒都不怕，如“冒死吃河豚”。其实，中国人对于食材的选择还是以粮食和蔬菜为主的。这和中国几千年以来的重农思想密不可分。近些年来，随着经济的飞速发展和西方饮食习惯的影响，肉、蛋、奶等高蛋白食物才进入中国寻常百姓的餐桌。相比较而言，早期西欧和北美以游牧、渔猎民族居多，所以，他们的饮食中肉类居多，特别是牛肉。因此，牛排则当仁不让地成了西方饮食的代表。罗兰·巴特(Roland Barthes)认为牛排不仅是法国饮食中最重要的食材，而且已经成了法兰西民族身份的象征。

> 在法国，牛排和红酒一样，是一种根基，不仅具有社会意义，更具民族意义。牛排在法国人饮食生活的各种不同场所呈现出不同的形态：在便宜的小馆中是扁平的，边缘焦黄，口感犹如胶皮；在专门经营牛排的饭店则厚实而多汁；在高档餐厅，牛排就呈现出厚厚的方块状，外焦里嫩，形态优美，口感上乘。牛排在各社会阶层的生活当中不可或缺，在资产阶级舒适的大餐中，也在波希米亚单身汉的小吃中；牛排是一种既营养丰富又烹饪方便的食材，是省时高效的最佳选择，同时也将牛排消费的神话本质和变幻多样的可塑性最彻底地展示出来。(Barthes，2012：84)

牛排不仅在法国是重要的食材，在美国也同样如此。一般认为，西方人的饮食结构以肉类为主，肉、蛋、奶占据西方饮食消费的比例较大；中国则以稻米和谷物为主食，蔬菜为辅食。牛排的种类与做法较多，牛身上不同部位的肉有其不同的名称，也有其不同的烹饪方法，翻译时需要考虑文本类型和翻译目的，然后再决定如何处理。中国的蔬菜种类繁多，有很多是西方饮食结构中没有的品种，翻译时也需要根据实际情况，或音译或加以说明，或采取转译、省略等翻译策略。

中西方在食材的选择上还有一个社会文化上的区别，那就是禁忌。众所周知，狗肉曾经在中国的某些地区被奉为佳肴，有进补功效；而在英美等国家，狗是人类的朋友，甚至是家庭的一员，吃狗肉是不可想象的野蛮行为。在翻译过程中，因为文化、宗教和风俗习惯等因素而涉及食材的禁忌时，则需要加以注意，采取恰当的翻译策略。

(2) 烹饪理念与烹调手法

中国的烹饪理念讲究五味调和，重点是追求美味，加工过程比较复杂，经常用高温热油或者文火慢炖以达到某种特殊的口感。但是，西方的烹饪理念以科学、营养为前提，即便是代表了西欧烹饪技术巅峰的法国，也不忘营养的重要性，追求原料的新鲜，强调保持食材原本的味道和营养成分。可以说，中国的烹饪理念是艺术的，讲究色香味俱全，注重享受美味时的主观体验；而西方的烹饪理念是科学的，讲究最大限度地保留食材的营养成分和微量元素，有时宁可牺牲口感也不破坏营养，这在美国的饮食习惯中尤为明显，蔬菜以清水快煮甚至生吃为主。

在烹调手法方面，熊欣做了很好的总结：

> 原料的加工，中华饮食非常讲究主料和配料花式搭配的多样性，这一过程讲究刀工和备料的造型。刀工，是指在菜肴烹饪前的准备工作中，对菜肴主料和辅料的加工方式，如：切、剁、劈、剔、手撕，还有就是打鳞、去皮、剔骨、脱壳、捣碎等。而菜肴原料的造型，是指经过一定的刀法加工后的原料所成的形状，如：片、卷、块、柳、段、丝、条、碎/末、丁、粒、泥、汁等。相对来说，西餐原

料经刀工处理后形状较为单一，一般只有 cubes/pieces（块）、slices（片）、dices（丁）、mince/chops（泥）、shreds（丝）等几种形状。由此我们可以看出，中西方备料造型的词汇上不是一一对应的，这就要求译者在翻译中国菜肴名称时要确保译语形状词义最大限度地近似于原语备料造型词汇含义。

…………

烹饪方式上，根据菜肴最后所需达到的饮食目的需求，中国菜肴烹调方式上讲究用火及各种佐料的分量使用，按照不同的火候衍生出花式多样的煎、炒（又可分为小炒、爆炒、清炒、溜炒等十多种）、煸、蒸、煮、拌、扒、干（软）炸、油淋、白灼、烹、烩、烧、烤、烘、焖、炖、煨、焗、酱、熏、腌、酿、斩、煲等五十多种烹调方法……西餐制作中经常用的烹调方式常见有以下十多种方法：煎（pan-fried）、barbecue/roast（烤）、broil（串烧/炙）、bake（焗/烘）、braise（烧/烩）、grill（铁扒）、boil（煮）、steam（蒸）、saute（炒）、poach（汆）、simmer（焖）等。（熊欣，2013：21-22）

熊欣认为，正因为上述烹调手法的巨大差异，在英译中国菜名时，会出现没有对应词汇的情况（熊欣，2013：22）。同理，食材品种也因为其地域特点，在翻译时会遇到缺乏相对应的词语或表达的情况。这时就要根据翻译文本的类型和目的来谨慎地选择恰当的翻译策略。

(3) 用餐方式与餐桌礼仪

如前文所述，在中国，饮食与用餐不仅仅是为了生存，而是融合了政治、经济、伦理等很多方面的一种文化表现形式，因而，在用餐礼仪方面，自古也有一套近乎严苛的规定。《论语》中对于祭祀时的饮食要求为大家所熟知："食不厌精，脍不厌细。食饐而餲，鱼馁而肉败，不食。色恶，不食。臭恶，不食。失饪，不食。不时，不食。割不正，不食。不得其酱，不食。肉虽多，不使胜食气。唯酒无量，不及乱。沽酒市脯，不食。不撤姜食，不多食。"(1999：104)这可以说是古人对饮食品质的至高标准了。对于非祭祀的正式场合，关于饮食礼仪,《礼记》(戴胜,2016:22)有如下记载:"凡进食之礼,左殽右胾,食居人之左,羹居人之右。脍炙处外,醯酱处内,葱渫处末,酒浆处右。以脯修置者,左朐右末。"《礼记》(ibid.)不仅明确规定了桌上食物摆放的位置,还详细规定了请客吃饭时的主宾之间的互动礼仪:"客若降等,执食兴辞,主人兴辞于客,然后客坐。主人延客祭,祭食,祭所先进。殽之序,遍祭之。三饭,主人延客食胾,然后辩殽。主人未辩,客不虚口。"另外,当代依然流传且共同遵守的一些注意事项也在《礼记》(ibid.)中有详细记载:"共食不饱,共饭不泽手。毋抟饭,毋放饭,毋流歠,毋咤食……",意思就是和大家一起吃饭时不能只顾自己吃,饭前要洗手,不要用手抓饭,不要把吃不完的倒回锅里,喝汤时不要发出呼噜噜的声音,口中不要作声等。

中国传统的餐桌礼仪可谓不厌其烦。相对而言,正式的法式大餐对上菜顺序和餐具摆放也有明确的规定,吃不同的食物用不同的餐具,切牛排的刀和切奶酪的刀不同,喝汤的汤匙和吃甜点的汤匙也不同,其烦琐程度与中国的习惯不相上下。但是,在用餐过程中,中国的餐桌通常会比较喧闹,主宾之间通常会相互敬酒、劝酒,大声寒暄聊天。西方的餐桌礼仪则要求安静,食客只与相邻的客人小声交谈,大声说话是不礼貌的。

了解基本的用餐礼仪后,在翻译食物相关内容时,就可以根据翻译目的进行相应的调整和说明。

2.2 《查理和巧克力工厂》中食物的汉译

饮食以及与饮食活动相关的翻译和源语文本产生的地域和社会文化有着非常密切的关系。很多食物和风俗只局限于某个区域或民族,其他文化中可能根本不存在相同或类似的东西,这对翻译活动来说,既可以非常困难,也可以非常简单。困难在于无法找到相应的表达,以便目的语受众轻松地理解译文,但是正因为原文食物的独特性,译者可以通过简单的音译来避免麻烦。比如,早期进入汉语词汇的"咖啡""派""巧克力"等食物名称,就是通过音译来帮助中国人了解西方饮食的。如果翻译的首要目的是帮助目的语受众了解源语文化，饮食名称翻译采取音译的方法则未尝不可，但是，如果翻译的首要目的并非文化传播，而是侧重信息或侧重文本对读者产生的影响和效果，饮食的翻译策略则需要根据翻译目的进行相应的选择。

在罗尔德·达尔（Roald Dahl）的著名儿童文学作品《查理和巧克力工厂》（*Charlie and the Chocolate Factory*）中，有很多关于食物的描述，也有很多利用食物名称而制造的双关语。如针对故事中人物的姓氏，作者有意识地使用了表示食物名称的词，如 Veruca Salt 的姓氏 Salt 本意为“盐”，那么遵循常规的姓名翻译原则的话，这个名字可以翻译成“索尔特”。在任溶溶的译本中，人物的姓名就是这样处理的。这样的音译可以说中规中矩，没有什么错误。如果翻译的目的只是为了讲故事，也就不需要去考虑某个姓名的含义了。但是如果译者比较看重幽默效果，希望不仅仅讲述故事情节，也能够让读者体会到原作者在给人物取名字时的用心良苦，就可以把这个姓氏翻译成“盐巴”。这是邓永锵译本采纳的翻译策略，可以想象，在给幼儿讲故事时，“盐巴小姐”“盐巴太太”这样的称呼本身就很有趣，更能吸引幼儿的注意力。类似的情况还有故事中奇怪的小人儿 the Oompa-Loompas，任溶溶译本仍然遵循音译，翻译为“奥帕-伦帕人”；而邓永锵则将这个作者创造出来的单词翻译成了“小笼包人儿”。虽然说 the Oompa-Loompas 本身并没有“小笼包”的含义，但还是需要考虑翻译时的目的所在。在这部儿童文学作品中，有很多作者创造出来的词，原本也是为了吸引小读者的注意力，并让他们因为有趣的、奇怪的名字而开心一笑。因此，从读者反应层面来判断的话，翻译成“小笼包人儿”，效果更胜一筹。

以上提到的姓名翻译，译者是根据不同的翻译目的选择了不同的翻译策略，选择音译是保留了原文的语音特征，起到介绍不同文化的作用，至少让读者感受到作品中的人物姓名所具有的异域风情；选择直译或者替换，则考虑到保留原文的幽默效果。但是，无论采取哪一种策略，总会在另一方面失去原文的某种特质，这也是翻译的无奈之处。书中还有很多利用双关语制造出来的幽默，在翻译处理时则更加困难。

1）在语义基础上增加表示类别的语汇，从而使食品名称和特点更加清晰

(1) Charlie smiled nervously and sat down on the edge of the bed. He was holding his present, his only present, very carefully in his two hands. WONKA'S WHIPPLE-SCRUMPTIOUS FUDGEMALLOW DELIGHT, it said on the wrapper. (Dahl, 1998: 12)

任译：查理紧张地微笑着，在床边上坐下。他双手小心翼翼地拿着他的礼物——他唯一的礼物。包糖纸上写着：旺卡的一流开心牛奶巧克力软糖。（达尔，2004:32)

邓译：查理微笑中显得有点紧张，他坐到床边，十分小心地用双手捧着他得到的礼物，他仅有的礼物。在礼物的包装纸上写着："旺卡美味香草快乐奶糖"。（达尔，1985:34)

这是旺卡先生的特色巧克力糖果产品的一种，其特点是名字特别长，修饰语拼写复杂。一般来说，现实生活中的食品，特别是巧克力之类糖果的名称都以简洁著称。但是考虑到这个名称来自幽默的儿童文学作品，作者有意用了很多修饰语，从而使巧克力的名字突出显示。以上两种译法都没有拘泥于原文的字面意思，考虑到受众的理解力，只要突出是糖果，且名字很长，就达到了翻译的目的。任译兼顾了词语本来的意思，又增加了"牛奶巧克力""软糖"这样的补充；而邓译除了选取其中"美味"(scrumptious)和"快乐"(delight)两个词的字面意思之外，还增加了"香草""奶"等字眼。两种译法的共同点是都在后面加了"糖"字，使得食品种类一目了然。相比较而言，任译更加全面地传递了信息，实现了更多层面的翻译目的。

(2) Then he ran over to another machine, a small shiny affair that kept going phut-phut-phut-phut-phut, and every time it went phut, a large green marble dropped out of it into a basket on the floor. At least it looked like a marble.

"Everlasting Gobstoppers!" cried Mr. Wonka proudly. "They're completely new! I am inventing them for children who are given very little pocket money. You can put an Everlasting Gobstopper in your mouth and you can suck it and suck it and suck it and suck it and it will never get any smaller!"(Dahl, 1998: 90)

任译:接着他跑到另一部机器那边,这是个发亮的小玩意儿,不断发出啪啪啪啪的声音,每发出啪的一声,一粒绿色的大石头弹子就落在地上的一个篮子里。至少它看起来像是一粒石头弹子。

"永远吃不掉的石头弹子糖!"旺卡先生自豪地说,"这是崭新的产品,我是为零用钱不多的小朋友发明的,把一粒永远吃不掉的石头弹子糖放进口,吮了又吮,吮了又吮,它永远不会变小!"(达尔,2004:108-109)

邓译:他又跑到另一台机器旁。这是一个小小的磨光的东西,总是发出"啪、啪、啪"的响声,每当它"啪"一下,一个很大的绿色弹子,就从它里面掉出来,落在地板上的篮子里,至少它看起来像一颗弹子。

"永久性黏块!"旺卡先生自豪地叫道,"还是最新发明!我是为那些没什么零花钱的孩子发明的。你可以放一个永久性黏块在嘴里,舔呀、舔呀、舔呀,一直舔下去,总不变小!"(达尔,1985:102)

本例中出现的糖果是旺卡先生的新发明,从机器中掉出来的是a large green marble,这是大家在不知情的状态下看到的东西,所以两个译本都翻译成了"弹子",但是当旺卡先生宣布这种糖果的名称Everlasting Gobstoppers时,两个译本就做了完全不同的处理。毋庸置疑,任译无论从语义功能还是从语用功能上看,都基本对等,并且增加"糖"这个字眼,读者马上可以明白,那个绿色的石头弹子其实不是弹子,而是像弹子的硬糖。邓译"永久性黏块"则有些不知所云,假如增加一个"糖"字,至少可以让人明白这是个奇怪的糖果名字。

所以,在食品名称翻译时,可以增加一些表示类别的词,以便将该食品与生活中的食品种类轻松对应起来。

2)在语义和语用功能不可兼顾时,可以牺牲词汇的字面意义,以便达到原文预期的读者反应效果

(3) They streaked past a black door. STOREROOM NUMBER 71, it said on it. WHIPS—ALL SHAPES AND SIZES.

"Whips!" cried Veruca Salt. "What on earth do you use whips for?"

"For whipping cream, of course," said Mr. Wonka. "How can you whip cream without whips? Whipped cream isn't whipped cream at all unless it's been whipped with whips. Just as a poached egg isn't a poached egg unless it's been stolen from the woods in the dead of night! Row on, please!" (Dahl, 1998: 86)

任译:他们又掠过一道黑色的门。门上写着:第七十一号贮藏室。搅打器——各种形状和大小。

"搅打器?"维鲁卡·索尔特叫道,"你用搅打器来干什么?"

"当然是用来搅打奶油啰,"旺卡先生说,"没有搅打器怎么能搅打奶油呢?除非用搅打器搅打过,否则掼奶油便不称其为掼奶油。就像钱包,除非里面装钱,否则就不是钱包!请继续划!"(达尔,2004:106)

邓译:他们飞快地掠过一个黑色的门,上面写着:71号仓库,搅拌室——各种规格、尺码。

"搅拌?"盐巴小姐喊道,"究竟你搅拌干什么?"

"当然,为了搅匀奶油!"旺卡先生答道,"不用鞭子,你怎么打奶油?没有鞭子打过的奶油,也算不得搅拌的奶油。正如荷包蛋若不是夜深人静时从林中偷出来,也算不得荷包蛋一样!加油!"(达尔,1985:98-99)

这段原文中有两个词为双关语，一个是 whips，另一个是 poached egg。门上写着 WHIPS—ALL SHAPES AND SIZES。这里的 whips 显然是名词，直译的话则是“鞭子——各种形状和规格”，但是作动词时，to whip cream 的 whip 则是“搅拌，搅匀”的意思。另外，poached egg 本意为“荷包蛋，水波蛋”，但是 poach 又有“偷猎”的意思。因为该文本为童话故事，受众为小朋友，受限于他们的语言、文化背景和理解能力，只能牺牲双关语当中的一种语义，以便达到沟通的目的。任译将 whips 直接译为“搅打器”，将 poached egg 替换成钱包，看似语义完全不相干，但是至少可以让人理解；而邓译则忠实于原文的语义，将 whips 译为“鞭子”；poached egg 译为“荷包蛋”，因为译文无法传递 whip 和 poach 的另一层含义，这种翻译策略不仅丢失了部分语义，还造成了沟通理解层面的障碍。

(4) They passed a yellow door on which it said: STOREROOM NUMBER 77—ALL THE BEANS, CACAO BEANS, COFFEE BEANS, JELLY BEANS, AND HAS BEANS.

"Has beans?" cried Violet Beauregarde.

"You're one yourself!" said Mr. Wonka. "There's no time for arguing! Press on, press on!" (Dahl, 1998: 86)

任译：他们经过一道黄色的门，门上写着：第七十七号贮藏室。所有的豆——可可豆、咖啡豆、啫喱豆、狗豆子[①]。

“狗豆子？”维奥莉特·博雷加德叫道。

“你自己就是一粒狗豆子！”旺卡先生说，“没时间讨论了！向前划，向前划！”。（达尔，2004:106）

邓译：他们经过了一扇黄色的门，上面写着：77 号仓库——各种豆，可可豆、咖啡豆、果冻豆、有过豆。

“什么叫有过豆？”皮盖小姐叫道。

“你就是！”旺卡先生说，“没时间讨论！加油！加油！”（达尔，1985:106）

---

① 任溶溶译本还为“狗豆子”加了小注，说明这是狗身上的一种寄生虫。

该例中的 has beans 同样是作者为了产生幽默效果而玩的一种语言游戏，bean 和 been 在发音上是相同的，作者因而把单词稍做改动，列为“豆子”的一种。这样的名称在源语文化中同样是不存在的，因而产生的语用功能是令人疑惑，造成沟通障碍，从而让读者感到新奇。任溶溶“狗豆子”的译法还是遵循了牺牲语义，实现语用功能的原则。“狗豆子”是一种寄生虫，而不是豆子，因而可以让读者意识到把“狗豆子”列入其中是一种奇怪的做法。

目的论指导下的翻译策略是灵活多变的，例(3)中邓译采取忠实于原文的翻译策略，但是不易理解，因而不可取；而任译的替换策略则更符合交流的目的，以牺牲语义的忠实而达到了语用功能的一致性。但是例(4)中邓译使用同样的翻译策略却产生了较好的效果，“有过豆”这种说法，不仅译出了 has been 的语义，同时也能达到激发读者新奇感受的语用功能。在这种情况下，邓译的“有过豆”既实现了语义功能，又实现了语用功能，比任译略胜一筹。

2.3 《喜福会》中食物的汉译

《喜福会》(*The Joy Luck Club*)这部小说的主题之一是中美文化冲突，而小说的语言也有杂糅的特点，特别是涉及中国特色的东西时，小说会将汉语拼音、广东话的音译和英语混杂起来，从而体现出主人公的多重文化身份。语言的杂糅，以及作者自己对中国传统语言和文化的一知半解，导致翻译过程更加困难。因而，程乃珊、贺培华、严映薇的译本(以下简称“程译”)对原文做了很多改动，从传统的翻译标准来看，不够忠实。但是从目的论的标准来看，翻译的目的法则高于连贯和忠实法则。《喜福会》作为畅销小说，翻译目的首先是能够为广大读者认可并接受，程乃珊的译本至今依然畅销就说明这个首要的翻译目的已经达到了。当然，对原著进行改写的翻译方法还是受到很多质疑的，特别是对于语言学习和研究本身来说，会造成一定的障碍。

1)改译:替换、删减和增补

(1) ... dumplings shaped like silver money ingots, long rice noodles for long life, boiled peanuts for conceiving sons, and of course, many good-luck oranges for a plentiful, sweet life. (Tan, 1989: 10)

程译:……金钱饼,因为样子像圆圆的银洋或金圆,长长的米线象征着长命百岁,落花生象征得贵子,福橘象征多福多吉。(谭恩美,2006:9-10)

田译:……饺子包得像银锭,面条算是长寿,煮熟的花生是多子多女。当然了,豪赌的福橘子就代替富足幸福。(谭恩美,1992:10)

这里列举的食物在两个译本中都有改动,程译把 dumpling(饺子)替换成了"金钱饼",形状自然和饺子不同,因而译文"因为样子像圆圆的银洋或金圆"是根据"金钱饼"本身的形状改写而成,与原文完全无关。但是从功能和目的上来考虑,并非完全错误的翻译,而是一种改译。上例中,原文用的 dumpling(饺子)这种食物,并描述它的形状像银锭,这种食物的功能是讨口彩,译者或许考虑到"金钱饼"这种食物更加容易让人联想到金钱,口彩更加突出,读者也可以轻松明白在中国文化中,食物的象征意义有时比食物本身更加重要。田青的译本中把 long rice noodles(米线)替换成面条,而花生的寓意方面,原文只写了 sons,而田译则增加了"多女"的说法,这也是考虑到中国文化传统和习俗而做的改动,因为我们一般说"长寿面",而不说"长寿米线",同理,"花生"一般寓意有儿有女。所以两位译者都有意或者无意地对原文做了替换和增补,目的都是突出食物的象征意义。

(2) And then she pointed her crab leg toward her future son-in-law, Rich and said, "See how this one doesn't know how to eat Chinese food."

"Crab isn't Chinese," said Waverly in her complaining

voice. It was amazing how Waverly still sounded the way she did twenty-five years ago, when we were ten and she had announced to me in that same voice, "You aren't a genius like me."

Auntie Lindo looked at her daughter with exasperation. "How do you know what is Chinese, what is not Chinese?" And then she turned to Rich and said with much authority, "Why are you not eating the best part?"

And I saw Rich smiling back, with amusement, and not humility, showing in his face. He had the same coloring as the crab on his plate: reddish hair, pale cream skin, and large dots of orange freckles. While he smirked, Auntie Lindo demonstrated the proper technique, poking her chopstick into the orange spongy part: "You have to dig in here, get this out. The brain is most tastiest, you try." (Tan, 1989: 229)

程译:随后她又用蟹脚指指自己未来的女婿里奇,说:"哎唷,他就是不会吃中国东西。"

"蟹又不属于中国食物。"薇弗莱马上反唇相讥着,乖乖,那腔调还和廿五年前一样,那时我们十岁,她也以同样的腔调对我说,"你又不是像我这样的神童。"

琳达姨恼怒地扫了女儿一眼:"你凭什么说那不是中国菜?"接着,她又转向里奇,用一种权威的语气说:"为什么你将最好的部分剩下来不吃?"

里奇只是乐呵呵地笑着,一点儿也不觉得什么。我发现,他皮肤的颜色,与他盘里的蟹很接近。在他嘻嘻傻笑时,琳达姨用筷子为他挑出橘色的蟹黄:"喏,这东西最好吃啦。"(谭恩美,2006:185)

田译:接着,她又用螃蟹腿指了指未来的女婿瑞奇说:"你们看看嘛,他根本不懂怎么吃中国食物。"

"螃蟹可不是中国的。"韦弗利用抱怨的语气说。我很惊讶,她讲话的方式跟二十五年前没什么区别,那时我们十岁,她就是用这种口气对我说:"你跟我不一样,我是天才。"

林阿姨气恼地看看女儿,说道:"你知道什么是中国的,什么不是中国的?"她又转向瑞奇,用更权威的声音说:"你为什么不吃最好的部分?"

我看见瑞奇笑容可掬地望着林阿姨,脸上的表情是顽皮而不是谦卑。他的脸色跟盘子里的螃蟹一样:淡红色的头发、像奶油一样白嫩的皮肤、发亮的橙色大雀斑。他傻笑的时候,林阿姨教他怎么吃。她用筷子捅进橘色的海绵状部分:"你必须挖这里,把它弄出来。脑子是最好的美味,你尝尝。"(谭恩美,1992:219)

本例中,Chinese food 的译法在两个译本中也做了不同的处理。程译把 Chinese food 译为"中国东西",考虑的是口语化的效果。而田译比较忠实于原文,译作"中国食物",虽然语言本身做到了忠实,但是从语境和功能上看,似乎略显僵化了。但是,在处理薇弗莱说的 Chinese 时,程译又补充了"食物"两个字,田译则还是遵循字面意义翻译成"中国的"。在这种情况下,考虑到对话时的场景和中文的语言习惯,田译更符合读者预期。

讲到 Rich 的肤色与螃蟹颜色很接近时,程译选择了省略,或许是译者考虑到这些细节与当时发生的故事情节关系并不大;而田译则依然忠实地翻译了原文。上例中的最后一句,程译也做了删减,蟹黄部分怎么吃是中国读者的常识,蟹黄部分最好吃也差不多是共识。因此,"喏,这东西最好吃了"这样的说法对中国读者来说,理解起来没有任何困难。而田译则中规中矩,忠实于原文,但是语言风格上不够口语化。那么如何判断译文的优劣,还是要根据翻译目的。程译的目的是推广畅销书,因此,读者第一关心的是故事本身,而不是作家的写作风格或者文学价值,所以,有时候删除一些不必要的细节,反倒更受读者欢迎。但是,如果作为严肃的文学作品来进行研究,细节则体现了作家的写作特点,甚至与作家要传达的某种思想密切相关,这种译法显然就无法满足研究者的需要。

2）回译：明确原文语言的词源，根据目的语读者的文化背景进行相应的增加或删减。

（3）Each week one of us would host a party to raise money and to raise our spirits. The hostess had to serve special dyansyin foods to bring good fortune of all kinds...（Tan，1989：10）

程译：我们每星期轮流做一次东，即出钱出力，尽力令大家开心。做东的一方，要准备一些名字吉祥讨口彩的点心来款待大家……（谭恩美，2006：9-10）

田译：我们按周轮流做东操办聚会。既为了凑钱，也为了振作精神。做东的要准备特指的吃食，借吃食来交好运……（谭恩美，1992：10）

在《喜福会》这部小说中，时常会出现一些中国元素，但是，中国元素的呈现又多种多样，比如有些食物名称使用拼音，有些使用音译。上例中 dyansyin foods 在音译后面加了英语的解释性词语。原本是中文音译，再回译到中文。看似简单，其实不然。因为英语中有很多音译的中文词汇是根据粤语发音，用罗马字母拼写而成的，只懂普通话的中国人如果仅仅从读音上来判断的话，可能会遇到困难，或者容易误读。上例中 dyansyin 其实是中文"点心"的音译，程译正确地回译成"点心"，而 food 是不需要再译出来的。田译"吃食"虽然大致没有错，却没有完成回译，即没有还原 dyansyin 这个词的汉语词源。

（4）"What about dinner?" I ask. I have been envisioning my first real Chinese feast for many days already, a big banquet with one of those soups steaming out of a carved winter melon, chicken wrapped in clay, Peking duck, the works.（Tan，1989：319）

程译："那吃饭怎么办？"我问。好久以来，我一直梦想着我

的第一个纯粹中国式的宴会:雕花的冬瓜盅、叫花鸡、北京烤鸭……(谭恩美,2006:248)

田译:"那晚饭怎么办?"我问。我已经想象了许多天,我的第一次正宗的中国筵席会是什么样,那将是规模盛大的酒宴,刀削冬瓜汤、叫花鸡、北京烤鸭,都是精湛的手艺。(谭恩美,1992:302)

例(4)中的 soups steaming out of a carved winter melon、chicken wrapped in clay 和 Peking duck 都是典型中国菜的英译,分别指"雕花的冬瓜盅、叫花鸡、北京烤鸭",也就是说,程译是成功的回译。田译将 soups steaming out of a carved winter melon 翻译成"刀削冬瓜汤"是失败的回译。

(5) The wonton soup smells wonderful with delicate sprigs of cilantro floating on top. I'm drawn first to a large platter of chaswei, sweet barbecued pork cut into coin-sized slices, and then to a whole assortment of what I've always called finger goodies—thin-skinned pastries filled with chopped pork, beef, shrimp, and unknown stuffings that my mother used to describe as "nutritious things". (Tan, 1989: 20)

程译:馄饨香气四溢,飘着翠绿的葱花。还有一大盆炒杂碎,香甜的烤猪肉切成铜板大小的薄片,放在大堆各色生菜中。还有种我称之为金手指的好东西——像手指般大小,在油里氽成金黄色,内里有猪肉馅、牛肉馅、虾肉馅及种种说不上名的馅料,妈称它们为"春卷"。(谭恩美, 2006:18)

田译:馄饨汤上面漂着一层香菜叶。我先是被一大盘杂碎吸引了,杂碎是熏猪肉切成硬币大小的薄片。继而又被颜色各异的小吃吸引,其中一种我总是称之为"动手吃的美味"——薄皮馅饼,里面有猪肉、牛肉、大虾。还有一些东西,里面也有馅,我叫不上名字。我妈妈说这是"营养食品"。(谭恩美,1992:19)

例(5)中 wonton 的回译是“馄饨”,两个译本的翻译都是准确的。但是,另外一个音译中文词 chaswei 在两个译本中都被误译成了“杂碎”。其实原文对 chaswei 做了解释,很显然 sweet barbecued pork 是指“叉烧”,广东风味的烤肉,和例(3)中的 dyansyin 一样,是源于粤语发音的音译。小说的叙事者,在美国出生的女儿,不记得这种食物的名称,只对其做了描述。从描述来看,极薄的皮,包裹各种馅儿,中国人知道这大概是“春卷”。程译明确了“春卷”这一名称,仍然采取了改译的翻译策略,增加了“在油里氽成金黄色”的补充说明,把 nutritious things 替换成“春卷”。这部分田译仍然尽量忠实于原文的字面意义,但是,“薄皮馅饼”的形象显然无法与 finger goodies(手指形状的美味小吃)联系起来。另外,从句型结构上看,and unknown stuffings that my mother used to describe as “nutritious things”这部分,指的是包在春卷里的馅料,而非“还有些东西,里面也有馅”。因此,田译属于误译,而非改译。上例中,程译也有误译之处,即 cilantro 是“香菜”,而不是“葱花”。

(6) The servants had already packed and loaded a rickshaw with the day's basic provisions: a woven hamper filled with zongzi—the sticky rice wrapped in lotus leaves, some filled with roasted ham, some with sweet lotus seeds; a small stove for boiling water for hot tea; another hamper containing cups and bowls and chopsticks; a cotton sack of apples, pomegranates, and pears; sweaty earthen jars of preserved meats and vegetables; stacks of red boxes lined with four mooncakes each; and of course, sleeping mats for our afternoon nap. (Tan, 1989: 71)

程译:用人们把吃食都装上黄包车,一大篮粽子,烧茶的小风炉,还有杯盘碗盏,此外,大袋的苹果、石榴和生梨。湿漉漉的瓮内,盛着腌菜和咸肉,还有一大摞红盒子,每盒装着四只月饼,连午睡的席子也带上了。(谭恩美,2006:60)

田译:用人们已经把一辆黄包车装满了,这一天用的东西应有尽有：一篮粽子，还有火腿、甜莲子、烧沏茶开水用的小炉子；另外一只篮子里装着杯子、碗、筷子，还有一袋苹果、石榴、梨；几只陶罐，里面装着肉和蔬菜；装月饼的小红盒子，每个盒里放了四块月饼。当然，还有为午睡的凉席。（谭恩美，1992：68）

本例中 zongzi 的回译看似简单，但是原文中做了如下详细的解释 the sticky rice wrapped in lotus leaves, some filled with roasted ham, some with sweet lotus seeds，这个解释在中国读者看来，不免显得画蛇添足，而且，鉴于小说作者对于中国语言文化的一知半解，这个解释与中国读者常见粽子的描述并不完全一致。程译考虑到读者的文化背景，索性将解释部分直接删除，是成功的回译。田译则是误译，将火腿和莲子与粽子分开来，当作不同的食物。本例中还有一处需要回译，preserved meats and vegetables 是装在罐子里经过腌制的肉和蔬菜，程译为“腌菜和咸肉”，虽然顺序与原文不同，但是影响不大，是符合中国语言文化习惯的回译。此处田译很明显属于误译。

2.4　中文菜单英译

中文菜单的英译，可以根据中文菜肴名称特点进行相应的处理。如有些菜肴以原材料和烹饪方法命名，这时可以采取直译的翻译方法。如家常菜番茄炒蛋（Scrambled Eggs with Tomatoes）、红烧牛肉（Braised Beef with Brown Sauce）；有些菜肴以地名加原材料和烹饪方法命名，如北京烤鸭（Peking Roast Duck）、西湖醋鱼（West Lake Fish in Vinegar Gravy）等。但是因为中国饮食文化丰富多样，菜式命名也千奇百怪，直译只能应对一小部分食品和菜肴的翻译。本节简要列举几种中国特色突出的食品和菜肴的英译策略。

1）使用汉语拼音或音译

熊欣认为，应用性较强的菜单翻译与文学翻译不同，其主要功能是文化交际和传播，“而在菜肴名称的跨文化交际翻译中，虽然也要考虑到原语菜名中所反映的原语群体的文化和传达的某种意象，但始终是以原语信息的传递为依归，甚至有的时候还会为了保证信息传递的无误而刻意忽略原语菜名中内蕴的某些民族性很强的文化元素而采取直接的写实翻译，这在文学翻译中是难以想象的。音译或零翻译在菜肴名称的跨文化交际中，尤其是当菜肴旁边附上了菜肴的精美图片时，不但不会有损传播的效果，反而在一定程度上更有助于原语文化的传播。”（熊欣，2013：9）熊欣所说的“零翻译”，指的是使用汉语拼音。2017 年发布的国家标准《公共服务领域英文译写规范》第 9 部分中也这样规定：“4.2.1 中国特有的食品的名称，如饺子、包子、粽子、馒头、火烧、煎饼、肉夹馍、油条等，可以用汉语拼音拼写。”

饺子　jiaozi
包子　baozi
粽子　zongzi
馒头　mantou
火烧　huoshao
煎饼　jianbing
肉夹馍　roujiamo
油条　youtiao

当然，“零翻译”这种翻译策略的选择要考虑到目的语文化受众的接受程度，因此，这种方法不能滥用。在翻译时，我们可以遵循两个原则，一是这种食品是中国特有的，在目的语文化中没有相对应或者相类似的实物；二是这种食品比较受欢迎，即便食品名称在目的语文化中有些拗口，也依然可以广为流传，为大众所接受。早期中国的一些常见食物和菜肴，已经成功地在英美国家扎根立足，而且音译的名称也被英语吸纳为常用词汇，如荔枝（lichi）、豆腐（tofu）、馄饨（wonton）等，因此，遇到这类食品名称的翻译，还是建议遵循传统译法，以减少传播过程中的障碍。

2)使用汉语拼音加英语释义

如上所述,菜单中的食品和菜肴的翻译目的主要是方便目的语读者了解菜肴本身的特点,包括原材料以及烹调方法,兼具传播中国饮食文化的功能。有些中国特有的菜肴,如果仅仅通过拼音或者音译的方式呈现,会使不懂中文的食客感到困惑,无法通过名称了解食物的特征,从而丧失了尝试的兴趣,因而也就无法实现翻译的文化交流作用。

在北京市人民政府外事办公室和北京市民讲外语活动组委会办公室编著的《美食译苑——中文菜单英文译法》一书中,建议对“中文菜肴名称无法体现其做法及主配料的,使用汉语拼音,并在后标注英文注释”。例如:

佛跳墙 Fotiaoqiang (Steamed Abalone with Shark's Fin and Fish Maw in Broth)

锅贴 Guotie (Pan-Fried Dumplings)

窝头 Wotou (Steamed Corn/Black Rice Bun)

蒸饺 Steamed Jiaozi (Steamed Dumplings)

油条 Youtiao (Deep-Fried Dough Sticks)

汤圆 Tangyuan (Glutinous Rice Balls)

粽子 Zongzi (Glutinous Rice Wrapped in Bamboo Leaves)

元宵 Yuanxiao (Glutinous Rice Balls for Lantern Festival)

驴打滚儿 Lǘdagunr (Glutinous Rice Rolls Stuffed with Red Bean Paste)

艾窝窝 Aiwowo (Steamed Rice Cakes with Sweet Stuffing)

豆汁儿 Douzhir (Fermented Bean Drink)

(《美食译苑——中文菜单英文译法》,2011:2)

3)放弃中文菜单的字面翻译,直接用英语加以解释

有些菜式的命名采取夸张、隐喻等修辞手法,对于中国人来说,字面意思引发的联想会让人会心一笑,而选择这一菜式的理由也多是因为菜肴的名称比较吉利或者有趣。特别是在节日或庆典时,菜肴的名称是否能够预示好运也会成为某一菜肴是否受欢迎的重要因素。但是,这类菜名如果拘泥于中文字面意思来进行翻译,则会造成理解上的障碍,因为缺乏中文背景,目的语受众也很难通过谐音、语带双关等来完成意义上的联想。在这种情况下,只能舍弃字面意思,直接通过解释的方法来说明菜肴的原材料、烹饪方法以及口感等。例如:

四喜丸子 Meatballs Braised with Soy Sauce
发财好市 Black Moss Cooked with Oysters
百年好合 Sweet Soup of Lily and Lotus Roots
连年有余 Lotus Roots Cooked with Fish

菜单的翻译应遵循简明扼要、一目了然的原则,兼顾中国特色文化元素的传播。因为现在大多数菜单都配有精美的图片,如果从图片上可以清晰地辨认出原材料,菜肴名称的翻译也可以适当使用拼音或音译的策略,以便更加便捷地对外传播中国特色美食。

2.5 中国文学经典中的饮食活动英译

从文本类型上看,文学经典是表达型文本。而其翻译目的首先要忠实于原文的风格,尽量完成其文学性和表达性。本节从曹雪芹的《红楼梦》和鲁迅的小说中挑选了几个与饮食相关的语篇,试图发现在处理经典文学作品的翻译时,如何既忠实于原作,又在译入语读者中产生同等的反应和效果。《红楼梦》的译本出自我国著名翻译家杨宪益、戴乃迭夫妇所译 *A Dream of Red Mansions*(以下简称杨译)和英国学者戴维·霍克斯(David Hawkes)及其女婿约翰·闵福德(John Minford)所译 *The Story of the Stone*(以下简称霍译)。

1)忠实于原文的风格,兼顾中国传统文化元素的传播

(1)袭人道:"老太太给的一碗汤,喝了两口,只嚷干渴,要吃酸梅汤。我想着酸梅是个收敛的东西,才刚挨了打,又不许叫喊,自然急的那热毒、热血未免不存在心里,倘或吃下这个去,激在心里,再弄出大病来,可怎么样呢?因此我全了半天才没吃,只拿那糖腌的玫瑰卤子和了吃,吃了半碗,又嫌吃絮了,不香甜。"(曹雪芹,1999:936)

杨译:"Only two mouthfuls of the soup the old lady sent. He complained he was parched and asked for some sour plum juice. But I thought to myself: Sour things are astringent, and when he was beaten and couldn't cry out some choleric humours must have rushed to his viscera; plum juice might affect them, bringing on a serious illness, and that would never do. Finally I talked him out of it and gave him some candied rose petals instead. He only ate half a bowl, then found it cloying and insipid." said Hsi-jen. (曹雪芹,1999:937)

霍译:"He had a few sips of some soup Her Old Ladyship sent," said Aroma, "but that's all he would take. He kept complaining that he felt dry. He wanted me to give him plum bitters to drink, but of course that's an astringent, and I thought to myself that as he'd just had a beating and not been allowed to cry out during it, a lot of hot blood and hot poison must have been driven inwards and still be collected round his heart, and if he were to drink some of that stuff, it might stir them up and bring on a serious illness, so I talked him out of it. After a lot of persuading, I got him to take some rose syrup instead, that I mixed up in water for him; but after only half a cup of it he said it tasted sickly and he couldn't get it down." (Cao, 1973: 161 vol. 2)

《红楼梦》不仅是一部文学作品，也是一部传统文化的百科全书。饮食在中国文化中不仅仅提供生存必需的营养，还具有药理作用，即“食药同宗”。因此宝玉挨打后的饮食要特别注意，本例中袭人认为酸梅汤对宝玉身体恢复不利，称之为“收敛的东西”，怕“激”出大病来。这些说法源自中国传统医学的一些原则，杨译 some choleric humours must have rushed to his viscera 采取了归化的翻译策略，即采纳西方传统关于气质的说法，将“热毒、热血”译作 some choleric humours，而“存在心里”的“心”译作 viscera，比较容易被西方读者理解，但是损失了一些中国元素。霍译采用了异化的翻译策略，将“热毒、热血”直译为 hot blood and hot poison，虽然对于英语读者来说，这种说法有些新奇，但也不是完全无法理解，而且可以让读者了解到中国人对于饮食与健康关系的见解，可以说既忠实于原文，又传播了中国文化。

本例中“吃絮了”的意思是“因为吃得太多而不再喜欢某种食品”。杨译用 cloying and insipid，意思是“甜得发腻，反倒觉得没味道”；而霍译只用了 tasted sickly，表明“味道不好，令人作呕”。两个译本都没有把“因吃得多而不喜欢”这层意思传达出来。

(2)妙玉笑道：“你虽吃的了，也没这些茶糟蹋。岂不闻‘一杯为品，二杯即是解渴的蠢物，三杯便是饮牛饮驴了’。你吃这一海便成什么？”（曹雪芹，1999：1160）

杨译：“Even if you can, I've not so much tea to waste on you. Have you never heard the saying: ‘First cup to taste, second to quench a fool's thirst, third to water an ox or donkey’? What would you be if you swallowed such an amount?” smiled Miaoyu.（曹雪芹，1999：1161）

霍译：“Yes, I dare say you could too,” said Adamantina. “But I'm not sure that I'm prepared to waste so much of my best tea on you. You know what they say: ‘One cup for a connoisseur, two for a rustic, and three for a thirsty mule’. What sort of creature does that make you if you drink this bowlful?"（Cao，1973：314 vol. 2）

本例是关于茶道的说法。作者借清高的妙玉之口，阐述品茶之妙在于少而精，细细品味。这三句话句式结构比较工整，"一杯为……二杯即是……三杯便是……"。两个译本都注意到了句式工整的特点。不同之处在于杨译选择直译的策略，霍译选择意译的策略。霍译把第二句"二杯即是解渴的蠢物"，替换成"两杯是老土"（two for a rustic），将牛和驴替换为"口渴的骡子"（a thirsty mule），其表达效果并没有受到影响，但是语言的节奏感更强，其生动形象程度可以和原文媲美。

（3）

持螯更喜桂阴凉，泼醋擂姜兴欲狂。
饕餮王孙应有酒，横行公子却无肠。
脐间积冷馋忘忌，指上沾星洗尚香。
原为世人美口腹，坡仙曾笑一生忙。

（曹雪芹，1999:1072-1074）

杨译：

How fine to eat crabs in the cool shade of osmanthus;
Gaily we pile on ginger，splash vinegar on each part;
A true gourmand should also have wine;
But this creature scuttling sidewise has no heart.
In our greed we forget how hard it is to digest，
Our fingers washed，the reek of its oil will remain;
The crab's sole function is to please men's palate，
And Su Dongpo laughed because its whole life it's busy in vain.

（曹雪芹，1999:1073-1075）

霍译：

How delightful to sit and a crab's claw to chew
In the cassia shade—with some ginger-sauce，too.

Old Grim-chops wants wine, though he's got no inside,
And he walks never forwards, but all to one side.
The "yolks" are so tasty, who cares if we're ill.
Though our fingers we've washed, they are crab-scented still.
"O crabs," Dong-po said (and his words I repeat),
"You have not lived in vain if you're so good to eat!"

(Cao, 1973: 256 vol. 2)

诗歌翻译的目的,首先是能够传达诗歌的节奏、韵律、意境之美。上例两个译本在节奏和韵律方面有异曲同工之妙。杨译的尾韵用的是 ab/cb/bd/bd 结构;霍译的尾韵用的是 aa/bb/cc/dd 结构。相比较而言,霍译相对更工整些,从节奏和韵律上来看,更胜一筹。但是,在传播中国文化元素的功能方面,霍译则不如杨译。一是"泼醋擂姜"在霍译中简化为 ginger-sauce,二是最后一句"原为世人美口腹,坡仙曾笑一生忙。"原文隐隐露出贯穿《红楼梦》全书的悲剧情愫,让人不禁联想到《红楼梦》的另一首点题诗《好了歌》中的一句,"古今将相在何方?荒冢一堆草末了。"但是,霍译透露出的是乐观的心态:对于螃蟹来说,味道鲜美,满足了人类口腹之欲,也不枉此生了。因此,从总体效果来看,还是杨译略胜一筹,既传递了诗歌之美,又传播了中国饮食文化和相关思想。

2)在原文语义基础上增加解释性语汇,以期将原文隐含的信息显性化

(4)当日林如海教女以惜福养身,云饭后务待饭粒咽完,过一时再吃茶,方不伤脾胃。今黛玉见了这里许多事情不合家中之式,不得不随的,少不得一一改过来,因而接了茶。早见人又捧过漱盂来,黛玉也照样漱了口。然后盥手毕,又捧上茶来,这方是吃的茶。(曹雪芹,1999:80)

杨译:Now Lin Ruhai had taught his daughter the virtue of

moderation and the harm caused to the digestive system by drinking tea directly after a meal. But many customs here were different from those in her home. She would have to adapt herself to these new ways. As she took the tea, however, the rinse-bowls were proffered again, and seeing the others rinse their mouths she followed suit. After they had washed their hands tea was served once more, this time for drinking.（曹雪芹，1999:81）

霍译：Dai-yu's parents had brought their daughter up to believe that good health was founded on careful habits, and in pursuance of this principle, had always insisted that after a meal one should allow a certain intervals to elapse before taking tea in order to avoid indigestion. However, she could see that many of the rules in this household were different from the ones she had been used to at home; so being anxious to conform as much as possible, she accepted the tea. But as she did so, another maid proferred a spittoon, from which she inferred that the tea was for rinsing her mouth with. And it was not, in fact, until they had all rinsed out their mouths and washed their hands that another pot of tea was served, this time for drinking.（Cao, 1973: 99-100 vol. 1）

中国读者对林黛玉的形象都非常熟悉，她柔美、聪慧、敏感。本例描写的是林黛玉初入贾府，吃饭时非常谨慎地观察大家的一举一动，生怕被人嘲笑。“今黛玉见了这里许多事情不合家中之式”这句，从黛玉的视角出发，突出了她的内心活动。杨译 But many customs here were different from those in her home 采纳的是作者的视角，语气为客观描述型。霍译 However, she could see that many of the rules in this household were different from the ones she had been used to at home，用 she could see 突出了黛玉的视角，且在后面增加了解释说明，即 so being anxious to conform as much as possible，可以让读者更加清晰地感知黛玉当时的心理活动。

(5)平儿早剔了一壳黄子送来,凤姐道:"多倒些姜醋。"(曹雪芹, 1999:1056)

杨译:By this time Pinger had ready a shellful of yellow crab meat. "Add plenty of ginger and vinegar," said Xifeng. (曹雪芹, 1999:1057)

霍译:Meanwhile Patience had been scooping out some "yolk"—the delicious golden crab-spawn—which she now offered to her mistress. Xifeng told her to put lots of ginger and vinegar on it..." (Cao, 1973: 244 vol. 2)

本例中杨译是直译,没有对原文做任何增减或者说明,霍译则补充说明了"黄子"是蟹的哪部分肉,因为 yolk 多指"蛋黄",如果不加以说明,可能会造成读者理解上的困惑。另外,霍译这里还特别说明了平儿和熙凤的关系,因为对于中国读者来说,《红楼梦》中虽人物众多,但是主要人物之间的关系还是比较清晰的,但是,对于英语读者来说,厘清人物关系则比较困难。因而,此处霍译考虑到译入语读者的需求,增加了关系说明。

3)在音译或者直译的基础上,增加小注进行解释或补充说明

(6)有一回对我说道,"你读过书么?"我略略点一点头。他说,"读过书,……我便考你一考。茴香豆的茴字,怎样写的?"(鲁迅, 2013:19)

杨译:Once he asked me: "Have you had any schooling?" When I nodded curtly he said, "Well then, I'll test you. How do you write the hui * in aniseed-peas?" (Lu, 1980: 54-55)

"hui" 用小注 A Chinese character meaning "aniseed". (Lu, 1980: 55)

莱尔译:I remember one day he asked me, "Have you had

any schooling?" I gave him something like a nod and then he said, "Since you've had some schooling, let me give you a little test. How do you write the character for 'fennel' in 'fennel flavored beans'?" (Lu, 1990: 45)

本例涉及汉字书写,英汉属于两种完全不同的语系,“茴”字的写法对于不懂汉字的人来说无法理解。为了解决这个难题,杨译在正文中用拼音 hui,再通过增加小注的形式来解释“茴”字与茴香豆的关系;而莱尔的译法则放弃了对汉字的解释,直接用英文 fennel,这种归化策略易于读者理解,但是丧失了传播中国文化的功能。当然,如果翻译仅仅是为了推广作品,莱尔的译本会更加受读者喜欢,因为更加通顺好懂,降低了阅读难度。

(7)这回想出来的是桂生,说是罗汉豆正旺相,柴火又现成,我们可以偷一点来煮吃的。大家都赞成,立刻近岸停了船;岸上的田里,乌油油的便都是结实的罗汉豆。(鲁迅,2013:107)

杨译:It was Guisheng who had a bright idea this time. He said the broad beans were just ripe, and there was fuel on the boat—we could filch some beans and cook them. Everybody approving, we promptly drew alongside the band and stopped. The pitch-black fields were filled with plump broad beans. (Lu, 1980: 164-165)

莱尔译:This time it was Guisheng who came up with a good idea. "Why not boil up some arhat beans[14]?" He pointed out that we already had firewood aboard and that since this was the peak of the season, all we had to do was steal a few limas and we'd be all set. Everyone agreed it was a wonderful idea, and we immediately drew in to the bank and tied up. The fields were packed with dark glistening pods. (Lu, 1990: 212-213)

注 14. "Arhat beans" (luohan dou), is a Shaoxing dialect for the kind of lima that is known elsewhere as can dou. An arhat is a saint or perfect man in Hinayana Buddhism. (Lu, 1990: 213)

本例还是关于豆子的翻译,“罗汉豆”在杨译中直接翻译成 broad beans,莱尔的译本中则把“罗汉”译成 Arhat,再加小注解释 Arhat beans 是蚕豆的方言叫法,并进一步解释了罗汉的意思。与例(6)相似,如何评价这两种翻译策略的好坏,取决于翻译目的。如果作为一般的通俗小说进行推广,可以不去管豆子的方言叫法,但是,如果作为文学经典来对待,则应该尽量忠实于原文,不能任意删改细节。

翻译练习

(1)

Language cannot describe the anxieties, experiences, and exertions which Jo underwent that morning, and the dinner she served up became a standing joke. Fearing to ask any more advice, she did her best alone, and discovered that something more than energy and good will is necessary to make a cook. She boiled the asparagus for an hour and was grieved to find the heads cooked off and the stalks harder than ever. The bread burned black, for the salad dressing so aggravated her that she could not make it fit to ear. The lobster was a scarlet mystery to her, but she hammered and poked till it was unshelled and its meager proportions concealed in a grove of lettuce leaves. The potatoes had to be hurried, not to keep the asparagus waiting, and were not done at the last. The blancmange was lumpy, and the strawberries not as ripe as they looked, having been skillfully “deaconed”.

(选自 *Little Women*)

(2)

How careless they had been of food then, what prodigal waste! Rolls, corn muffins, biscuits and waffles, dripping butter, all at one meal. Ham at one end of the table and fried chicken at the other, collards swimming richly in pot liquor iridescent with grease, snap beans in mountains on brightly flowered porcelain, fried squash, stewed okra, carrots in cream sauce thick enough to cut. And three desserts, so everyone might have his choice, chocolate layer cake, vanilla blanc-mange and pound cake topped with sweet whipped cream. The memory of those savory meals had the power to bring tears to her eyes as death and war had failed to do, and the power to turn her ever-gnawing stomach from rumbling emptiness to nausea.

（选自 *Gone with the Wind*）

（3）

浙菜以绍兴菜、杭州菜、宁波菜为代表，总的特点是菜式精巧，菜品鲜美滑嫩，脆软清爽。运用香糟调味，注重煨、焖、烩、炖等烹调技法。宁波菜因地靠舟山群岛，海产丰富，于是就地取材，用料以海产为主，口味偏咸。杭州菜口味清淡，基本不用辛辣调料，也避免浓油赤酱，但醇香酥烂的东坡肘子、甜酸适口的西湖醋鱼等经典名菜却回味悠长，天下闻名。

（选自《美食译苑——中文菜单英文译法》）

（4）

做工的人，傍午傍晚散了工，每每花四文铜钱，买一碗酒，——这是二十多年前的事，现在每碗要涨到十文，——靠柜外站着，热热的喝了休息；倘肯多花一文，便可以买一碟盐煮笋，或者茴香豆，做下酒物了，如果出到十几文，那就能买一样荤菜，但这些顾客，多是短衣帮，大抵没有这样阔绰。只有穿长衫的，才踱进店面隔壁的房子里，要酒要菜，慢慢地坐喝。

（选自《孔乙已》）

第三章 服饰文化与翻译

3.1 中西服饰文化发展与比较

服饰是人类文明进步的标志，是文化的重要载体。各个时期的服饰既承袭前代的传统，又具有自己时代的特征。中西方服饰都经历了漫长的发展史，体现了人们的意识形态、风俗习惯和审美爱好。

1）中西服饰文化发展

（1）中国服装文化发展史

中国服饰文化史的发端可上溯到原始社会。商周时期服饰制度逐步确定，服饰形式是上衣下裳制。汉代时期，随着舆服制度的建立，服饰的官阶等级区别也更加严格。魏晋南北朝时期，政权更迭频繁，等级服饰有所变革，民族服饰大为交融，宽衣薄带成为达官贵族和平民百姓的流行服饰。

隋唐时期，国家统一，经济繁荣，秦汉时期的服饰制度逐渐得到了恢复。隋炀帝规定黄色是皇帝专用的服装颜色。唐代各级官员的官服以色彩来区分，中国的官服有了色彩的标志。男子普遍着袍衫，女子服装时兴襦裙服、大袖衫、胡服和回鹘服。宋代“程朱理学”提倡禁欲主义，注重道德修养的风气影响到服饰，服饰文化整体趋于简洁质朴。朝服基本保留了唐代的朝服服色。

辽、金、元时期的服饰反映了与汉民族长期交流中的融合和发展。辽北官仍用契丹本族服饰，南官沿袭晚唐特色。金代女真族女装也式样宽大，逐渐失去游牧民族的特点。元代制定了天子和百官的上衣连下衫的“质孙服”制，兼具汉族和蒙古族特点，分不同的等级，以质地和颜色区分。

明朝恢复汉族的传统，并且重新制定了新的服饰制度。明朝是中国礼服制度的集大成时期，上下层社会的服饰均有明显等级。明朝官服以袍衫为主，对服色和图案都有具体规定。明朝因皇帝姓朱，遂以朱为正色。男子便服主要为袍、裙、短衣、罩甲。读书人着蓝色或黑色袍子。女子服饰主要是袄、衫、霞帔、背子、比甲、裙子等（吴琳，2013）。

清朝时期，官民服饰依旧泾渭分明，绣纹和颜色都大有讲究，皇帝着龙袍，官员以蟒袍为贵。清末后期，受到西方服装的适身式的影响，宽袍大袖式的服装式样发生改变，逐渐变得越来越紧瘦。清初女子服装满汉两族基本保留各自的形制：上衣加裙子、旗袍。到晚清时已去裙着裤。

清朝灭亡后，中国服饰摒弃了衣冠等级制度。民国初期的服饰呈现出满汉融合，中西混杂的特点，出现了西装革履、长袍马褂、军装皮靴并行不悖的局面。男士礼服有中西两式：欧洲燕尾服和长袍马褂。女士服装则为上袄下裙。穿着中西装都戴礼帽，被认为是最庄重的服饰。后期中山装、旗袍、西式服装逐渐流行。

1949 年以后，男子主体服装是中山装和人民装；女装流行列宁服、旗袍和布拉吉。1978 年以后，随着改革开放的深化，当代服饰呈现多样性和多元化的特点，中西方差距缩小。中国民族元素开始兴起，比如 2001 年 APEC 会议领导人集体穿着唐装。

(2)西方服装文化发展史

古埃及人的服装造型以缠绕、围裹为主，服装上的花纹图案和服色与宗教信仰有关，男女都戴假发。古希腊人主要用长方形面料，通过在身上披挂、缠绕或系扎等方式来完成，形成独具曲线型的垂褶，优雅飘逸见长。古罗马时期以宽松肥大的长袍将缠绕艺术推向高潮。

拜占庭时期，服装从缠绕式变成缝制式，由于教会推行禁欲主义，女子浑身包裹得严严实实，不显体型。豪门贵族通过真丝锦缎面料显示地位，普通百姓则穿朴素羊毛或亚麻布的衣服（穆慧玲，2018：31-32）。

12至15世纪，欧洲进入了中世纪的鼎盛时期：哥特式时代。服装受哥特建筑风格影响，整体强调垂直线，加大人体视觉高度。哥特初期，服装以筒形为主，13世纪服装更加立体化，14世纪男装为短上衣和紧身裤，上重下轻，女装上半身合体，下半身裙子宽大，上轻下重。

从15世纪到18世纪的服装可以分为文艺复兴时期、巴洛克时期和洛可可时期。人体曲线成了服装的审美关键，性别差异更加明显。男装上半身膨大，下半身紧窄，整体呈倒三角形，体现了男性的雄壮，女装正好相反。巴洛克时期风格华丽，领口、袖口和裤脚边大量装饰花边，外套是繁多的排扣。图案是大团花饰和果实图案。18世纪的洛可可服饰以女性为中心，花边、缎带、蝴蝶结、夸张的衬裙，将女装的繁华推到极致。图案纹样以翻卷、弯曲为主。

从法国大革命到第一次世界大战爆发的近代，有代表性的是新洛可可时期的服装特色。男子服装变得更简洁，更具功能性，女装仍旧追求曲线和装饰，上流社会女子仍然使用裙撑。随着女子体育运动的展开，裤子也逐渐得到认可。

第一次世界大战和第二次世界大战期间，奢华风格一去不复返，女性服装男性化、制服化。战争结束后，法国服装设计师迪奥（Dior）设计的新风貌式样强调女性曲线美回归。接下来，中西方文化进一步融合，服饰朝多元化方向发展。

2）中西服饰文化比较

中西服饰文化相同处体现在：

保健和审美功能。服饰有遮体、调节体温、防暑御寒的保健功能。随着社会物质财富的日益增加，人们的精神需求也越来越高涨。服装的审美功能也越来越受到人们的重视。

社会功能。从中国历史发展来看，特别是在封建社会，会以森严的服饰制度来规范人们的社会行为和权限。西方人也同样重视这种社会功能，虽无严格禁令，王宫贵族的穿戴与一般平民也有华丽和朴素的区别。

中西服饰文化的不同之处在于中国重伦理，西方重形体。中国古代服饰与中国礼制思想紧密相连，以烦冗、宽博为主要特征，很少突出人体美，同时，服饰体现出当时严格的等级制度。中国地域辽阔，各地着装风俗不一，这使得服饰是各民族互相渗透及影响而生成的产物。

服饰在西方追求最大程度上的合体，用服饰强调人体的曲线美，讲究服装的外轮廓线。一方面使服装顺应人体曲线；另一方面还可以用服装塑造形体（杨树彬，2000）。

服饰文化差异具体表现在不同的款式、面料、纹样、图案和颜色反映了不同国家和时代的道德礼仪、典章制度、等级地位和审美情趣。我们在翻译时要准确传达服饰的文化属性，使目的语读者更好地理解服饰中所体现的文化内涵。

3.2 《飘》中服饰的汉译

美国作家玛格丽特·米切尔创作的长篇小说《飘》（*Gone with the Wind*），以亚特兰大以及附近的一个种植园为故事场景，描绘了内战前后美国南方人的生活。该作于1937年获得普利策文学奖。文中大量的服饰描写不仅描绘出了人物的外形特征，还体现出人物丰富的内心世界。下文对陈良廷译本和贾文浩、贾文渊、贾令仪合译的译本进行比较和分析，以下简称陈译和贾译。

1）使用译入语中具有相似功能的文化成分

(1) If there had not been a war, Scarlett would have had third-day and fourth-day and fifth-day dresses to wear to the Fontaine and Calvert and Tarleton parties in her honor.（米切尔，2008：178-179）

陈译：如果没有战争的话，斯佳丽就可以穿上三朝服、四朝服、五朝服出席方丹家、卡尔弗特家和塔尔顿家的宴会。（米切

尔,2010:131)

贾译:假如没发生战争,斯佳丽就要身着第三天、第四天和第五天该穿的裙子参加方丹家、卡尔弗特家和塔尔顿家为她举办的庆贺聚会。(米切尔,2008:107)

原文中的 third-day and fourth-day and fifth-day dresses 特指新娘在婚礼后拜访亲戚时每天要穿的不同的礼服。而中文中三朝服、四朝服等也指婚后几天新娘的特定衣着,在服饰的功能上是对等的,翻译为中国文化中已有的文化意象能让读者更容易理解。而翻译为第三天、第四天和第五天该穿的裙子则没有这种效果,没有翻译出衣着的特殊作用,会让读者困惑该穿的裙子到底是什么样的。

(2) A widow had to wear hideous black dresses without even a touch of braid to enliven them, no flower or ribbon or lace or even jewelry, except onyx mourning brooches or necklaces made from the deceased's hair. And the black crêpe veil on her bonnet had to reach to her knees, and only after three years of widowhood could it be shortened to shoulder length. (米切尔,2008:182)

陈译:做寡妇的一定得穿阴森森的黑衣服,连点缀的流苏都没有,也不准戴花,扎缎带,用花边,连珠宝饰物都不准佩戴,要戴只能戴缟玛瑙的丧服胸针,要不就戴用死者发丝编的项圈。帽上蒙的黑绉纱一定得拖到膝盖,只有到守寡三年后才能缩短到齐肩。(米切尔,2010:134)

贾译:寡妇得穿丑陋的黑丧服,一丁点装饰都不能有,没有花朵丝带,不能有花边珠宝,最多只能佩戴黑宝石丧服胸针,或者用死者头发制作的项链。挂在帽子上的黑面纱必须长及膝盖,守寡三年后才能缩短到齐肩高。(米切尔,2008:108)

原文中 onyx mourning brooches 是西方葬礼上经常出现的饰品,专用于严肃庄重的场合或悼念死者。onyx 既可以指缟玛瑙,也可以指黑宝石。而缟玛瑙在中国文化中也与死亡有关，缟玛瑙经常出现在古代墓葬中。翻译为“缟玛瑙”会让中国读者自然而然地想到葬礼与悼念，而翻译为“黑宝石”却没有这种效果。necklaces made from the deceased's hair 是指将死者的一缕或几缕头发编入项链中，作为死者的象征，以保留难以保存的遗物并随身携带，是一种悼念死者的方式。但翻译为用死者头发制作的项链则会让读者产生误解，认为整条项链都是由死者的头发编成的，实则不然。

2)通过补全或解释有关服饰的信息使读者易于理解

(3) The rose organdie with long pink sash was becoming but she had worn it last summer when Melanie visited Twelve Oaks and she'd be sure to remember it. And might be catty enough to mention it. The black bombazine, with its puffed sleeves and princess lace collar, set off her white skin superbly, but it did make her look a trifle elderly.（米切尔，2018:101）

陈译：这件玫瑰红的蝉翼纱衣，配上粉红色长腰带本来挺合适，但去年夏天玫兰妮去十二棵橡树庄园做客那回，她穿过这件衣服，人家肯定还记得。可能还会不怀好意地提起这一点。这件黑色毛葛衣服，膨袖，公主式花边领子，衬托着她那身白皮肤真是没说的，可就是有点儿老气。（米切尔，2010:74）

贾译：这件玫瑰红色的薄纱裙跟粉红色宽腰带挺相配，可她去年夏天穿过，当时玫兰妮去十二橡树庄园做客，她肯定还记得，说不定还会狡黠地提起这事。这件黑色斜纹纱裙有蓬松袖和网花边领子，很衬她的白皮肤，但会使她看起来有点老气。（米切尔，2008:62）

从原文看，玫瑰红的蝉翼纱衣与玫瑰红色的薄纱裙都符合文中描述的服装样式，但相比薄纱裙，蝉翼纱衣的表述更能体现服饰的轻薄和衣料的高档。两种表述都没有错误，但蝉翼纱衣比薄纱裙更有美感。princess lace 的英语解释为：Princess lace is a tape lace. The lacemaker bends and folds lace tapes into the shape of flowers and leaves, and sews them into position. 从英语解释来看，princess lace 与网花边的样式是相同的，而翻译为"公主式花边"则没有明确花边的样式，没有这方面知识的读者难以想象出公主式花边是什么样式的，而直接翻译为"网花边"则很容易理解，能使读者想象出大致的样式。

(4) Many of them had run away from school to join the army, and here and there were clumps of them in the cadet uniforms of military academies, the black cock feathers on their tight gray caps wet with rain, the clean white canvas straps crossing their chests sodden. (米切尔，2008:419)

陈译：内中有不少是逃出了学校来投军的，偶尔还有身穿军校学员制服的，这儿一堆那儿几个，紧巴巴的灰军帽上黑色的羽毛沾满了雨水，斜挂在当胸的洁白的帆布带淋得都湿透了。(米切尔，2010:321)

贾译：其中不少是从学校逃学出来参军的，时而还能看到三三两两身穿军校制服的学员夹杂在队伍中，帽子上插的黑羽毛沾满雨水，胸前洁白的帆布武装带也淋得透湿。(米切尔，2008:243)

原文中挂着 canvas straps 的是军事学校的学生，其着装必体现军事风格。与之最契合的服饰就是斜绑在胸前的武装带。武装带按照规定仅用于特定场合的军官和仪仗队，材料可以是皮的、帆布的，这与原文中的表述也十分契合。而直接翻译为"帆布带"虽然没有错误，但并不能使读者明白其样式和用途，相比于"帆布武装带"画面感偏弱。

3)根据单语词典或图片确定词义

(5) She had been on the front porch and he had ridden up

the long avenue, dressed in gray broadcloth with a wide black cravat setting off his frilled shirt to perfection. Even now, she could recall each detail of his dress, how brightly his boots shone, the head of a Medusa in cameo on his cravat phi, the wide panama hat that was instantly in his hand when he saw her.（米切尔，2008：32-33）

陈译：她当时在前门廊里，他骑着马在长长的林荫道上一路过来，身穿灰色细毛料衣服，系上一条宽宽的黑领带，把那件胸前有饰边的衬衫衬托得更加漂亮。即使到现在，她还记得他穿着的每一个细节，他的靴子擦得雪亮，领带别针上有个美杜莎头像的玉石浮雕，他一看见她赶快把头上那顶宽边巴拿马草帽拿在手里。（米切尔，2010：25）

贾译：当时她正在门廊上，见他骑马从长长的车道上走来，穿一身灰毛呢礼服，打着宽大黑色领结，和皱领衬衫搭配得十分完美。至今她还能清楚地回忆起他那天衣着的每一个细节，靴子那么光亮，领结卡子上雕刻着一个美杜莎头像，一看见她，他便摘下了头上戴着的宽边巴拿马帽子，拿在手里。（米切尔，2008：21）

cravat 汉语可翻译为“领带、领结、领巾”，而在牛津词典中，cravat 的解释为 a short wide strip of silk; worn by men around the neck, folded inside the collar of a shirt，显然与现代的领带不属于同一款式，更贴近“领结”或“领巾”的意象，翻译为“领带”容易引起误解。采用必应搜索 cravat 对应的图片也可以印证这一点。

(6) "If it's Zouave, I'm damned if I'll go in the troop. I'd feel like a sissy in those baggy red pants. They look like ladies' red flannel drawers to me."（米切尔，2018：21）

陈译：“如果是穿阿拉伯式军服的义勇兵，我可决不入伍。穿上那种鼓鼓囊囊的红裤子，我觉得娘娘腔。活像女人穿的红绒布衬裤。”（米切尔，2010：16）

贾译:“要是军服太花哨,打死我也不去当兵了。穿那种红灯笼裤,活像个娘儿们那种裤子我看就像女人穿的红法兰绒内裤一样。”(米切尔,2008:15)

阿拉伯式军服有特定的款式,用“花哨”来替代并不能体现裤子的特征。“红灯笼裤”的表述与阿拉伯军服的裤子的款式十分符合,比“鼓鼓囊囊”指向更明确,更有画面感。drawers 翻译为“衬裤”比翻译为“内裤”更为妥当。在牛津词典中,drawers 意为 ones that cover the upper parts of the legs,和“衬裤”的作用和款式更接近,翻译为“内裤”则容易与现代意义上的“内裤”混淆,不便于读者理解。

4)避免容易使读者产生误解的翻译

(7) They were such resplendent uniforms, brave with shining buttons and dazzling with twined gold braid on cuffs and collars the red and yellow and blue stripes on the trousers, for the different branches of the service, setting off the gray to perfection. (米切尔,2008:11)

陈译:这些军装真是灿烂夺目,闪亮的纽扣,袖口领口镶着耀眼的金穗带,因为军中部门不同,军裤上有的缀着红条子,有的是黄条子,有的是蓝条子,把灰色衬托得帅极了。(米切尔,2010:165)

贾译:军装真漂亮,纽扣闪闪发亮,袖口和领口的金饰耀眼夺目,不同军种的制服裤子上有的缀着红条纹,有的是黄条纹,有的是蓝条纹,把灰底色衬托得尽善尽美。(米切尔,2008:135)

原文中 gold braid 明确指明是袖口领口镶着的金色的缎带。而翻译为“金饰”容易让读者误解成袖口的金纽扣、领口的金别针等。

(8) She looked hungrily at the frocks floating by, butter-yellow watered silks with garlands of rosebuds; pink satins

with eighteen flounces edged with tiny black velvet ribbons...（米切尔，2008：11）

陈译：她如饥似渴地看着飘动的衣裙，奶黄色的波纹绸，印着玫瑰骨朵的花环；粉红的缎子装上十八道荷叶边，边上还缀着小小的黑丝绒带……米切尔，2010：171）

贾译：她如饥似渴地望着眼前飘过的衣裙、乳黄色的波纹绸、玫瑰花蕾编成的花环、缝着十八道荷叶边和黑丝绒细边的粉红色缎子裙裾……（米切尔，2008：139）

从原文中可以看出，玫瑰花蕾编成的花环是衣着上的装饰图案，而不是实物。从 eighteen flounces edged with tiny black velvet ribbons 可以看出，黑丝绒细边是在十八道荷叶边上的装饰品，而翻译为“十八道荷叶边和黑丝绒细边”也没有体现这种关系，且容易使读者误解为十八道边中既有荷叶边又有黑丝绒边。

3.3 《沉香屑·第一炉香》中服饰颜色的英译

针对张爱玲这样一位“衣服狂”(clothes-crazy)，我们可以从服饰的角度去更好地理解她的作品。“生命是一袭华美的袍，爬满了虱子。”“服装是随身带着的袖珍戏剧。”“我们各自生活在自己的衣服里。”这样的语言都体现出了张爱玲一生的最爱——服饰。

在张爱玲的小说中，服饰描写比肖像描写细致，她常常用简洁、形象的文学语言来描绘人物局部的衣着或特定的服饰，从而含蓄地完成对人物外形的艺术描写。服分等级，饰别尊卑，服饰是人物身份的象征。张爱玲的短篇小说《沉香屑·第一炉香》由美国查塔姆大学教授、汉学家、中国现当代文学翻译家、张爱玲研究专家金凯筠(Karen S. Kingsbury)翻译成英文版，她对服饰描写的翻译有自己的原则，力求贴合人物的身份、尊卑差异和地位变化。

译者主要采用两种策略来翻译小说中的服饰颜色：第一，实物+颜色词；第二，程度颜色词。这两种策略的使用是有倾向性的。在描写梁太太和她家仆人的衣服时，为了体现其地位高，经济条件好，穿着打扮华丽，通常选用第一种策略。而在描写一些地位低下的人时，则使用程度颜色词，或使用基本颜色词，凸显其朴素，平平无奇。

1）实物＋颜色词

(1)便叫睨儿去寻出一件鹅黄丝质衬衫，鸽灰短裤；薇龙穿了觉得太大，睨儿替她用别针把腰间折了起来。（张爱玲，2012：12）

金译：She told Glint to bring out a goose-gold knit shirt and some dove-gray shorts. Weilong tried on the outfit. It seemed large. So Glint got a needle and tucked in the waist. (Chang, 2007: 22)

因为薇龙只有学校里的运动衣，梁太太嫌弃款式奇怪，就命令下人去给薇龙拿网球服，鹅黄色在当时的普通家庭中是不太会出现的，虽然鸽灰并不少见，但使用了“实物＋颜色词”的方法能凸显颜色的不同寻常。

(2)睨儿答应着走了出来。她穿着一件雪青紧身袄子，翠蓝窄脚裤，两手抄在白地平金马甲里面，还是《红楼梦》时代的丫鬟的打扮。（张爱玲，2012：15）

金译：Glint went off to discharge her duty. She was wearing a lilaccolored fitted tunic over a pair of narrow, kingfisher-blue trousers, her arms folded inside a white vest embroidered with gold thread—a slave-girl costume from the days of *Dream of the Red Chamber*. (Chang, 2007: 27)

睨儿是梁家的仆人，衣着比普通人更精致一些，衣服颜色也不普通。

(3)楼下正奏着气急吁吁的伦巴舞曲，薇龙不由想起壁橱里

那条紫色电光绸的长裙子，跳起伦巴舞来，一踢一踢，淅沥沙啦响。（张爱玲，2012：17）

金译：The painting thrust of a rumba came from downstairs, and she couldn't help but think of that long electric-purple dress hanging in the closet, and the swish it would make with each dance step. (Chang, 2007: 29)

梁太太为薇龙准备了一衣橱的华服，无论是应酬舞会还是外出游玩，各种材质各种类型的服饰都准备妥帖。这里的紫色电光绸的长裙子也是其中一件，在这么多件衣服中薇龙依然记得这件裙子，说明它很特别，尤其是裙子的颜色"紫色电光"，尤为闪亮，因此，不能简单地译为 purple，必须要体现出颜色的特殊性。

(4)梁太太扎着夜蓝绉纱包头；耳边露出两粒钻石坠子，一闪一闪，像是挤着眼在笑呢。（张爱玲，2012：17）

金译：Madame Liang wore a head wrap of midnight-blue crepe silk and a pair of dangling diamond earrings that, when they caught the light, seemed to wink and smile. (Chang, 2007: 29)

梁太太身份最为高贵，她不仅穿着华丽，佩戴的饰品也不简单，因此，这里的"夜蓝"虽然也是 dark blue 的意思，但是仍然使用"实物＋颜色词"的方法翻译。

(5)薇龙道："拣件素净些的。我们唱诗班今天在教堂里练习，他们教会里的人，看了太鲜艳的衣料怕不喜欢。"睨儿依言寻出一件姜汁黄朵云绉的旗袍。（张爱玲，2012：20）

金译："Pick out something simple," Weilong said. "The choir is going to practice in the church, and I'm afraid the people there won't approve of fancy clothes." But Glint went ahead and chose a ginger-yellow crepe cheongsam. (Chang,

2007：34）

这里的“姜汁黄”将衣服的颜色具体化，不是那种鲜艳的黄，而是暗一点的姜汁黄，与薇龙的要求相符。

(6)薇龙那天穿着一件磁青薄绸旗袍，给他那双绿眼睛一看，她觉得她的手臂像热腾腾的牛奶似的，从青色的壶里倒了出来，管也管不住，整个的自己全泼出来了。(张爱玲，2012:25)

金译：Weilong was wearing a cheongsam of thin, porcelain-green silk, and when he stared at her with his dark green eyes, her arms grew hot, like hot milk pouring out of a green pitcher—she felt her whole body melting. (Chang, 2007:40)

(7)薇龙穿着白袴子，赤铜色的衬衫，洒着锈绿圆点子。(张爱玲，2012:36)

金译：She was wearing white slacks and a copper-red blouse with rusty green polka dots. (Chang, 2007: 54)

例(6)和例(7)都是薇龙进入梁家，逐渐成为交际花之后的穿着，所有的衣服都很精致，颜色也不是常见的红蓝绿，而是经过精细工序染出来的颜色。

2)程度颜色词

(8)她穿着南英中学的别致的制服，翠蓝竹布衫，长齐膝盖，下面是窄窄的裤脚管，还是清末的款式。(张爱玲，2012:2)

金译：She wore the special uniform of Nanying Secondary School: a dark blue starched cotton tunic that reached to her knees, over narrow trousers, all in the late Qing style. (Chang, 2007:8)

薇龙初来梁太太家，身着一身校服，简单朴素，一副朴实无华的学生形象。同样是“翠蓝”，在描写梁家仆人时用的是 kingfisher-blue，在描写薇龙初来乍到时用的却是 dark blue，由此体现出人物的身份差异，即使是梁家的仆人，地位也比常人高一等。

(9)陈妈着了慌，她身穿一件簇新蓝竹布罩褂，浆得挺硬。人一窘，便在蓝布褂里打旋磨，擦得那竹布淅沥沙啦响。(张爱玲，2012:14)

金译：She was wearing a brand-new tunic of light blue cotton that was stiff with starch. When she got flustered she twisted around inside her clothes, so that the cloth rustled noisily. (Chang, 2007: 25)

陈妈是薇龙家的用人，一路送薇龙来到梁家，但薇龙发现，与梁家仆人的穿着相比，陈妈穿得太过寒酸，她的竹布衫就和薇龙的校服一样材质粗糙，于是薇龙就把陈妈打发走了。所以这里的蓝译为 light blue，与薇龙的校服“翠蓝竹布衫”一样，都使用的是程度颜色词。

(10)(女孩)瘦小身材，西装打扮，穿了一件青莲色薄呢短外套，系着大红细褶绸裙。(张爱玲，2012:52)

金译：Her skinny little body was dressed up Western-style, with a short, dark-violet serge coat over a bright red skirt of pleated silk. (Chang, 2007: 75)

这里描写的是薇龙在街上看到的被当作物品售卖的女孩，自己的命运掌握在别人手里，失去了自由，且地位极低。译者并没有把“青莲色”译为 lotus-green，而是仅仅使用程度颜色词，“大红”也是一样，与女孩的身份比较符合。

3.4 《红楼梦》中特色服饰的英译

《红楼梦》这部大百科全书似的作品当中涉猎的内容包罗万象，自然也是一部服饰文化大全，也反映了人物的地位、性格和命运走向。以下例子检索自绍兴文理学院的《红楼梦》平行语料库①。

1)根据不同的上下文选择准确的词义

(1) 回头见鸳鸯穿着水红绫子袄儿……

杨译：He turned and noticed that Yuanyang was wearing a pink silk jacket...

霍译：She was wearing a pale strawberry-coloured dress of silk damask, a sleeveless black satin jacket...

(2) 扎挣起来，把外罩大袄脱了，叫紫鹃盖好了被窝，又躺下去。

杨译：Struggling up to take off her robe, she told Zijuan to tuck in her quilt and lay down again.

霍译：Finally she struggled up, took off her outer robe and told Nightingale to make the bed.

(3) 当时芳官满口嚷热，只穿着一件玉色红青驼绒三色缎子斗的水田小夹袄……

杨译：Fangguan, who had also been complaining of the heat, had on only a short lined satin jacket a patchwork of red, blue and jade-colured squares...

霍译：Parfumée was shouting excitedly as she played.

① 任亮娥，杨坚定，孙鸿仁(2010－02－14)，《红楼梦》平行语料库，http://corpus.usx.edu.cn/检索日 2019-05-06。

She was wearing a very short, close-fitting tunic with a harlequin pattern of turquoise, deep purple and reddish-brown lozenges...

袄、褂、裙是书中女性的基本服饰。单说“袄”有不同的样式，比如“绫子袄”“大袄”“水田小夹袄”“窄裉袄”等，上面例(1)和例(2)的“袄”，两位译者在不同的语境中选取了 jacket 和 robe，例(3)霍译使用了 tunic。有学者指出，为了让西方读者适度接受中国文化，“袄”可以翻译成 Chinese ao（张慧琴，徐珺，2013)，这样也不失为一种方法，但需要结合具体的语境或添加必要的解释。

2）霍译有时候采用归化方式，采用西方读者熟悉的服装样式

(4)头上戴着金丝八宝攒珠髻，绾着朝阳五凤挂珠钗，项上戴着赤金盘螭璎珞圈，裙边系着豆绿宫绦，双衡比目玫瑰佩，身上穿着缕金百蝶穿花大红洋缎窄裉袄，外罩五彩缂丝石青银鼠褂，下着翡翠撒花洋绉裙。

杨译：Her gold-filigree tiara was set with jewels and pearls. Her hair-clasps, in the form of five phoenixes facing the sun, had pendants of pearls. Her necklet, of red gold, was in the form of a coiled dragon studded with gems. She had double red jade pendants with pea-green tassels attached to her skirt. Her close-fitting red satin jacket was embroidered with gold butterflies and flowers. Her turquoise cape, lined with white squirrel, was inset with designs in coloured silk. Her skirt of kingfisher-blue crepe was patterned with flowers.

霍译：It was fastened with a pin embellished with flying phoenixes, from whose beaks pearls were suspended on tiny chains. Her necklet was of red gold in the form of a coiling dragon. Her dress had a fitted bodice and was made of dark red silk damask with a pattern of flowers and butterflies in raised gold thread. Her jacket was lined with ermine. It was of a slate-blue stuff with woven insets in coloured silks. Her underskirt was of a turquoise-coloured imported silk crêpe embroidered with flowers.

上例中的“窄褃袄”杨译为 jacket，霍译为 bodice，后译对应的是紧身胸衣，虽然西方读者很容易理解，但是与中式的“窄褃袄”存在差异。

3）服饰纹样多译出指称意义

《红楼梦》中所描写的服饰纹样是汉族与满族文化交融时期的产物，其在继承明代纹样的基础上，增加了清代文化的特色，较之明代纹样更为精致细腻，多代表吉祥、富贵和如意。小说里多次出现百蝶穿花纹样、八团纹样、蟒纹、撒花纹样、百子缂丝纹样、团花纹样等，体现了人物的社会地位，蕴含着丰富的文化内涵。

如上例和下例中的百蝶穿花纹样分别译为 gold butterflies and flowers 或 a pattern of flowers and butterflies，都大体传达出了原文的指称意义。

(5)头上戴着束发嵌宝紫金冠，齐眉勒着二龙抢珠金抹额；穿一件二色金百蝶穿花大红箭袖，束着五彩丝攒花结长穗宫绦，外罩石青起花八团倭缎排穗褂；蹬着青缎粉底小朝靴。

杨译：He had on a golden coronet studded with jewels and a golden chaplet in the form of two dragons fighting for a pearl. His red archer's jacket, embroidered with golden butterflies and flowers, was tied with a coloured tasselled palace sash. Over this he wore a turquoise fringed coat of Japanese satin with a raised pattern of flowers in eight bunches. His court boots were of black satin with white soles.

霍译：He was wearing a narrow-sleeved, full-skirted robe of dark red material with a pattern of flowers and butterflies in two shades of gold. It was confined at the waist with a court girdle of coloured silks braided at regular intervals into elaborate clusters of knotwork and terminating in long tassels. Over the upper part of his robe he wore a jacket of slate-blue Japanese silk damask with a raised pattern of eight large medallions on the front and with tasselled borders. On his feet he had half-length dress boots of black satin with thick white soles.

小说中描写到宝玉出场时服褂上加绣的名曰“起花”的八个彩团,凸显出宝玉身份地位的非同寻常。“八团”是衣面上缂丝或绣成的八个彩团的图案,并不局限于花卉,霍译相比更为准确。因“八团”凸出衣面,故云“起花”。两位译者都翻译为 raised pattern。

(6)(北靖王)穿着江牙海水五爪坐龙白蟒袍

杨译:a white robe embroidered with zigzag wave patterns and five-clawed dragons

霍译:heavily bordered with a ‘tooth and wave’ design of rainbow-coloured stripes and gold-emblazoned with the royal five-clawed dragon, was of a white material

北靖王的服饰纹样体现了他的显赫地位。“江牙海水五爪坐龙白蟒袍”中的江牙海水纹样具有深刻寓意,海水纹寓意“四海清平”,江牙纹指寿山石,寓“江山万代”之意,都是为了衬托纹样的威严气势(陈东生,甘应进,周丽艳等,2007)。图案的下端,斜向地排列着许多弯曲的线条,代表波涛翻滚的水浪,水中立一山石,并有祥云点缀。杨译 zigzag wave patterns 大体译出了指称意义,霍译 tooth and wave 反映出译者对江牙的内涵意义缺乏了解。

翻译练习

(1)

Despite their extravagances, English nobles took an interest in charitable causes, such as the one depicted in the painting, *The Tichborne Dole*, in which the Lord of the Manor in the village of Tichborne distributes bread to the poor. This painting showcases the lavish fashions worn by the noble class, in contrast with those worn by the less fortunate.

The central male figure in the middle ground wears a long and ornate waistcoat, fastened with close-set buttons from throat to hem, underneath a plainer coat. This was one of the many fashions introduced by Charles II. The figure also wears an elaborate lace cravat and a periwig, an indispensable part of wealthy fashionable attire. Shoes are high heeled and square toed.

The two women to his left show female fashions of the day. Their bodices, with a horizontal décolletage, are long, pointed, and fastened in the front with jeweled clasps. They wear full-puffed sleeves to the elbows, and their skirts are gathered at the hips in tight pleats, opening down the front over an ornate petticoat. Their bodice and skirts are joined, but poorer women would wear them separately, in different colors. Skirts were raised—to the toe for court women and to the instep for peasant women. Though the women use stays, the overall effect is one of increasing freedom.

(选自 *Fashion: The Definitive History of Costume and Style*)

(2)

The low crotch of the vest revealed a stiff shirt bosom of white and pink stripes. From his coat sleeves protruded a pair of linen cuffs of the same pattern, fastened with large, gold plate buttons, set with the common yellow agates known as cat's-eyes. His fingers bore several rings—one, the ever-enduring heavy seal—and from his vest dangled a neat gold watch chain, from which was suspended the secret insignia of the Order of Elks. The whole suit was rather tight-fitting, and was finished off with heavy-soled tan shoes, highly polished, and the grey fedora hat.

（选自 *Sister Carrier*）

（3）

一群过渡人来了，有担子，有送公事跑差模样的人物，另外还有母女二人。母亲穿了新浆洗得硬朗的蓝布衣服，女孩子脸上涂着两饼红色，穿了不甚合身的新衣，上城到亲戚家中去拜节看龙船的。等待众人上船稳定后，翠翠一面望着那小女孩，一面把船拉过溪去。那小孩从翠翠估来年纪也将十三四岁了，神气却很娇，似乎从不曾离开过母亲。脚下穿的是一双尖头新油过的钉鞋，上面沾污了些黄泥。裤子是那种泛紫的葱绿布做的。见翠翠尽是望她，她也便看着翠翠，眼睛光光的如同两粒水晶球。有点害羞，有点不自在，同时也有点不可言说的爱娇。那母亲模样的妇人便问翠翠年纪有几岁。翠翠笑着，不高兴答应，却反问小女孩今年几岁。听那母亲说十三岁时，翠翠忍不住笑了。那母女显然是财主人家的妻女，从神气上就可看出的。翠翠注视那女孩，发现了女孩子手上还戴得有一副麻花绞的银手镯，闪着白白的亮光，心中有点儿歆羡。

（选自《边城》）

（4）

一九二一年，女人穿上了长袍。发源于满洲的旗装自从旗人入关之后一直与中土的服装并行着的，各不相犯，旗下的妇女嫌她们的旗袍缺乏女性美，也想改穿较妩媚的袄裤，然而皇帝下诏，严厉禁止了。五族共和之后，全国妇女突然一致采用旗袍，倒不是为了效忠于清朝，提倡复辟运动，而是因为女子蓄意要模仿男子。在中国，自古以来女人的代名词是“三绺梳头，两截穿衣”。一截穿衣与两截穿衣是很细微的区别，似乎没有什么不公平之处，可是一九二〇年的女人很容易地就多了心。她们初受西方文化的熏陶，醉心于男女平权之说,可是四周的实际情形与理想相差太远了,羞愤之下,她们排斥女性化的一切,恨不得将女人的根性斩尽杀绝。因此初兴的旗袍是严冷方正的,具有清教徒的风格。

政治上,对内对外陆续发生的不幸事件使民众灰了心。青年人的理想总有支持不了的一天。时装开始紧缩。喇叭管袖子收小了。一九三〇年,袖长及肘,衣领又高了起来,往年的元宝领的优点在它的适宜的角度,斜斜地切过两腮,不是瓜子脸也变了瓜子脸,这一次的高领却是圆筒式的,紧抵着下颔,肌肉尚未松弛的姑娘们也生了双下巴。这种衣领根本不可恕。可是它象征了十年前那种理智化的淫逸的空气——直挺挺的衣领远远隔开了女神似的头与下面的丰柔的肉身。

（选自《更衣记》）

第四章　神话文化与翻译

4.1　中西神话比较

人类世界文明最初的源头便是神话，神话反映了早期人类的思维方式，承载了人类在原始社会时期所萌发的信仰、人生观和价值观，对当时和后世的文化及文明都产生了深远的影响，也是人们了解其他民族文化和文明发展的窗口。各民族神话主要有美索不达米亚神话、迦南神话、埃及神话、希腊神话、罗马神马、北欧神话、波斯神话、印度神话、中国神话、日本神话等。不管是哪个国家的神话，它们都有相似的发展历程，也存在一定的差异。了解这些异同点对于我们理解本民族和其他民族的神话以及翻译这些神话大有裨益。

汉语中的“神话”一词是从西欧翻译到日本，再从日本移植到中国的，其本意是故事或传说。

对于神话的定义，学者有着不一样的看法。赵炎秋(2011:59)认为，马克思的界定最为准确：“任何神话都是用想象和借助想象以征服自然力，支配自然力，把自然力加以形象化；因而，随着这些自然力之实际上被支配，神话也就消失了。”

1)中西神话的相似性

神话都是人类早期对自然现象、生命起源、社会生活等在头脑中不科学的、幻想式的加工，各民族神话有一定的共性。

首先，中西神话产生的原因是相似的。神话表达了人们对自然的畏惧心理以及想要征服自然的愿望。古代人们对于打雷等正常的自然现象所知甚少，认为是天神发脾气。中国神话中有雷公；希腊神话中宙斯(Zeus)作为众神之王，司掌天气和雷电；北欧神话中的索尔(Thor)是雷霆与力量之神，同时还司掌风暴、战争、丰饶。此外，中国的后羿射日和希腊神话中的赫拉克勒斯(Hercules)完成十二大伟绩的故事则体现了人类的智慧和勇气，表达了他们想要征服自然的愿望。

其次，所有的神话都有十分相似的主题，比如创世主题、洪水主题。以最根本的创世主题为例，不管是中国神话，还是西方神话，都讲述了一个神话的造物主如何创造日月星辰、山川四季。中国神话有混沌凿七窍，还有广为流传的盘古开天辟地，希腊神话则是混沌之神生下大地之母该亚(Gaea)，然后该亚生下了天空之神乌拉诺斯(Uranos)，再和乌拉诺斯孕育生下了其他众神。东西方神话都相信是天神用泥造出了人类，中国是女娲造人，而希腊神话里普罗米修斯(Prometheus)用泥土捏出了人类，雅典娜(Athena)则赋予了人类呼吸和灵魂。

最后，东西方神话都对后世文学和戏剧产生了深远的影响。莎士比亚的戏剧中选用了大量的希腊神话，比如在后人熟悉的《仲夏夜之梦》和《罗密欧和朱丽叶》中能找到河神皮拉姆斯故事的影子，诗人米尔顿、雪莱、济慈等都从中获得题材和灵感，海明威、福克纳、梭罗等也常引用希腊或罗马神话故事内容。最早受神话影响的我国文学作品有《诗经》和《楚辞》。陶渊明、李白都有神话方面的取材，明代的《西游记》和《封神演义》都是含有丰富神话因素的文学著作。近代的戏曲如京剧《嫦娥奔月》、川剧《沉香救母》和黄梅戏《天仙配》都取材于神话。

2)中西神话的差异性

中西方在地理位置、自然条件、历史发展进程等方面的不同，造就了神话的差异，以中国神话和希腊神话为例：

中国神话没有像希腊荷马史诗那样的鸿篇巨制，只有散见于《山海经》《淮南子》《穆天子传》等文学古籍中的零星片段。希腊神话有着一个完整的神系，神话数量众多，众神之间的关系也十分明确，形成了以宙斯为主神的奥林匹斯神系。在内容和表现形式上，希腊神话描写生动，神话人物形象丰满。而中国神话虽然也极其丰富，但是没有一个完整的神系，神话故事篇幅短小，故事性不强，比如女娲补天、共工怒触不周山、大禹治水的故事都比较简略。

希腊神话中的神是按照人的形象创造的。古希腊人把神看作最美丽、最健壮、最聪明和最有力量的人。中国神话中的神大多是半人半兽形状的。据统计，在《山海经》里出现的四百五十多个神中，人形神与非人形神的比例约为 1∶4(吴华群，张西虎，2006:169)。如中国上古神话的创世女神女娲的形象，在《山海经・大荒西经》中郭璞注："女娲，古神女而帝者，人面蛇身，一日中七十变，其腹化为此神"(袁珂，2016:258)。

希腊神话中的诸神更具人性，都是不完美的。他们禀性各异，不遵循道德规范，一切以自我为中心，崇尚个性的自由与张扬。大大小小的天神都是世俗的，跟凡人一样有七情六欲和爱恨情仇，他们也会犯错，自私、虚荣、报复心强。众神之王宙斯狂放不羁、拈花惹草，常常跑到凡间跟其他女子约会；他的妻子赫拉(Hera)美丽智慧，却因嫉妒和仇恨而迷失了本性，做出一些残酷和无神格的事。中国的神是完美的化身，是善良与道德力量的标杆，均有不食人间烟火、没有凡人情欲的神格特征，这与中国尊崇儒学有关，儒家是反对"怪力乱神"一说的。中国神话中充满对远古英雄和帝王献身精神的讴歌与礼赞，以及对神话人物保民佑民的职分要求，如大禹治水三过家门而不入，甚至变成熊去推石头等。世代流传的故事中很少有关于他们私生活的描述，他们肩负起拯救人类的重大使命，在实现使命过程中，体现出了高尚品德、伟大情操以及自我牺牲的精神。中国神话中所歌颂的神都与劳动相关。神话里的英雄们崇尚拼搏抗争、勤劳奋进，不是顺从命运，而是迎难而上，不屈不挠，比如女娲补天、后羿射日、夸父追日、精卫填海、愚公移山等。封建社会产生的新的神话往往描写的是对幸福爱情和自由婚姻的向往，从而与封建社会势力展开了不屈的斗争(袁珂，2016:26)。

4.2 济慈小诗《致荷马》中地名、神名的汉译

英国著名浪漫派诗人约翰·济慈(John Keats)从少年时期就开始关注古希腊神话方面的书籍,他的作品中有不少取材于希腊神话,此处选取一首短诗《致荷马》(*To Homer*),译文出自诗人、翻译家屠岸(济慈,2016:198-201)。

原文:

To Homer

Standing aloof in giant ignorance,
Of thee I hear and of the Cyclades,
As one who sits ashore and longs perchance
To visit dolphin-coral in deep seas.

So thou wast blind;—but then the veil was rent,
For Jove uncurtain'd Heaven to let thee live,
And Neptune made for thee a spumy tent,
And Pan made sing for thee his forest-hive;

Aye on the shores of darkness there is light,
And precipices sow untrodden green,
There is a budding morrow in midnight,
There is a triple sight in blindness keen;

Such seeing hadst thou, as it once befell
To Dian, Queen of Earth, and Heaven, and Hell.

译文:

致荷马[①]

我处在可怜的无知中,一身孤单,

听说到你，听说到基克拉迪群岛[②]，
我像一个人，坐在海岸边，渴念
或许在深海能见到海豚珊瑚礁。

你竟是盲人；——但帷幔有了裂缝；
约夫[③]先开了天幕，让你住进去，
海神[④]为你假设了鲸蜡帐篷，
牧神[⑤]叫野蜂为你唱起了歌曲；

啊，黑暗的边沿回升起亮光，
峭壁上会出现无人践踏的绿叶，
漆黑的午夜里，晨光如花苞待放，
彻底的盲者拥有多重的视觉；

你有了这样的目力，像月神一样
那主宰人间、天庭和地狱的女王。

注：①荷马(Homer)，约公元前9世纪至公元前8世纪时的古希腊行吟盲诗人，著有长篇叙事诗《伊利亚特》和《奥德赛》。

②基克拉迪群岛(Cyclades)，属希腊，在爱琴海南部。其中的德洛斯岛(Delos Isle)相传为阿波罗的诞生地。

③约夫(Jove)，即朱庇特(Jupiter)，古罗马和意大利的主神，相当于希腊的宙斯。

④海神(Neptune)，音译为内普丘恩，罗马神话中的海洋之神，相当于希腊神话中的波塞冬(Poseidon)。

⑤牧神(Pan)，亦译作潘，希腊神话中阿卡狄亚的森林之神和牧神，人身羊足，头上有角，爱好音乐。

诗歌几乎不可译，然而，诗歌的翻译者必须在这种不可能中寻找可能。这首诗通过描述荷马是一位盲人，有了三位天人神力帮助，变得目光如炬，一切了然于心，从而凸显出荷马在世界文学史上的地位。

对于诗中的相关神话元素，译者将地名Cyclades进行了音译并加上相应的注释。四个神话人物当中，Jove采用音译，Nepture、Pan和Dian采用了意译，翻译为“海神”“牧神”和“月神”，前两个加以注释，后者可能是考虑到读者比较熟悉，因此没有加注。由此可见，翻译神话相关地名和人名时不能简单地采用一种译法，而应综合考虑，既要保存诗歌的美感，又要传达出诗歌所折射出的文化信息。

4.3 《瓦尔登湖》中神话典故的汉译

亨利·戴维·梭罗（Henry David Thoreau）的《瓦尔登湖》（*Walden*）被视为人文经典，汉译本多达四五十种。书中大量引用了希腊罗马神话，下文选取不同年代出版的徐迟、王光林、田伟华和潘庆舲的译本第一章中的神话典故为例，探讨译者如何有效地传递文化。

（1）The twelve labors of Hercules were trifling in comparison with those which my neighbors have undertaken; for they were only twelve, and had an end; but I could never see that these men slew or captured any monster or finished any labor. They have no friend Iolaus to burn with a hot iron the root of the hydra's head, but as soon as one head is crushed, two spring up. (Thoreau, 2004: 4-5)

徐译：赫拉克勒斯①从事的十二个苦役跟我的邻居所从事的苦役一比较，简直不算一回事，因为他一共也只有十二个，做完就完了，可是我从没有看到过我的邻人杀死或捕获过任何怪兽，也没有看到过他们做完过任何苦役。他们也没有依俄拉斯这样的赫拉克勒斯的忠仆，用一块火红的烙铁，来烙印那九头怪兽，它是被割去了一个头，还会长出两个头来的。

注：①希腊神话中的英雄，曾杀死纳米谷中的雄狮、九头兽、亚马孙女王、三个身体的怪牛等。（梭罗，1982：2-3）

王译：与我邻居的苦役相比，赫克利斯①的12件苦役简直算不了什么。因为他毕竟只有12件苦差,而且做完也就完了。然后,我从未看见我的邻居杀死或捕获任何怪兽,也没看见他们做完任何苦役。他们没有依俄拉斯这样的朋友,用一块火红的烙铁,烙掉九头蛇的头根,因为一只头刚被砍掉,另两只头又会立刻冒出来。

注:①赫克利斯(Hercules),希腊神话中的天神之子,曾立下十二件超人战功,但有一件是在凡人依俄拉斯(Iolaus)的帮助下完成的。(梭罗,2005:2-3)

田译:与我邻居所从事的苦役相比,赫拉克勒斯[①]的十二个苦役根本算不了什么,因为只有十二个,这些苦役也有做完的时候,而我从未见我的邻居们杀死或者抓获过什么怪兽,也从未看见他们完成什么苦役。他们没有一位像依俄拉俄斯这样的朋友用烧红的烙铁来切断九头蛇的根部,所以只能眼睁睁看着它一个头被粉碎,又迅速长出另一个头来。(梭罗,2010:2)

潘译:赫拉克勒斯[①]的十二件苦差事与我的邻居们所经受的困苦相比,简直是小巫见大巫了;因为赫拉克勒斯毕竟只有十二件苦差事,好歹做完了就告结束,可是我从来没见过我的邻居们捕杀过任何妖魔鬼怪,或者服完过任何苦役。他们没有得到过像依俄拉斯[②]那样的好友相助,用通红的烙铁把九头蛇的蛇头烧掉,不过九头蛇嘛,一个蛇头刚除掉,两个蛇头马上又长了出来。

注:①古希腊和古罗马神话中的神,力大无比,曾不畏艰难,完成了十二件苦差事。

②古希腊神话中的英雄人物,赫拉克勒斯的侄子、车夫与助手,帮助赫拉克勒斯完成了第二件苦差事,即杀死九头蛇和与前者结盟的螃蟹。(梭罗,2015:2)

本例中,徐迟用音译(直译)加脚注的方式解释了 the twelve labors of Hercules,对 Iolaus 采取音译,并补充了原文没有的"赫拉克勒斯的忠仆"等内容。王光林和潘庆舲采用同样的方法,王光林在注释中阐明了两位神之间的关系,潘庆舲的译文对 Iolaus 的解释更为详细。田伟华的译文则只用了音译加直译。

(2) How many a poor immortal soul have I met well-nigh crushed and smothered under its load, creeping down the road of life, pushing before it a barn seventy-five feet by forty, its Augean stables never cleansed, and one hundred acres of land, tillage, mowing, pasture, and woodlot! The portionless, who struggle with no such unnecessary inherited encumbrances, find it labor enough to subdue and cultivate a few cubic feet of flesh. (Thoreau, 2004: 5)

徐译：我曾遇见过多少个可怜的、永生的灵魂啊，几乎被压死在生命的负担下面，他们无法呼吸，他们在生命道上爬动，推动他们前面的一个七十五英尺长，四十英尺宽的大谷仓，一个从未打扫过的奥吉亚斯的牛圈①，还要推动上百英亩土地，锄地、芟草，还要放牧和护林！

注：①希腊神话中，奥吉亚斯王有三千头牛，牛圈三十年没有打扫，赫拉克勒斯引阿尔甫斯河水，一天就把它冲洗干净了。(梭罗，1982:3)

王译：他们沿着生活的道路往前爬，推动着生活道路上一个长 75 英尺，宽 40 英尺的大谷仓，推动着从未打扫的奥吉厄斯牛圈①，还有一百英亩的土地，同时还要耕地、芟草、放牧、护林！

注：①希腊神话中，奥吉厄斯(Augeas)养了三千头牛，牛圈三十年没有打扫，后赫克利斯引来了两条大河，一天之内将其冲洗干净。(梭罗，2005:3)

田译：我曾经见过如此多的不朽灵魂，他们肩负重担，被生活压迫的几乎窒息，艰难地爬行在人生之路上，用力推着前面一个长 75 英尺，宽 40 英尺的庞大谷仓——奥吉亚斯王从未清理过的牛圈以及上百英亩的土地、草场、耕地和防护林。(梭罗，2010:3)

潘译：我碰到过好多可怜虫，他们在沉重的负荷下几乎被压垮了，连气都透不过来，在生活的道路上爬行，推动一座七十五英尺长，四十英尺宽的谷仓，从来不打扫的奥吉厄斯的牛棚①，祖传一百英亩土地还得耕地、除草、放牧、护林！(梭罗，2015:2-3)

注:①源自古希腊神话,传说奥吉厄斯王的牛棚里有3 000头牛,30年没有打扫过,后来赫拉克勒斯用河水一天就给清扫干净了。

对于Augean stables,徐迟、王光林和潘庆舲采用的是和上例一样的翻译方法,田伟华的译文则没有给出注释。

(3) It is said that Deucalion and Pyrrha created men by throwing stones over their heads behind them. (Thoreau, 2004: 5)

徐译:据说,杜卡利盎和彼尔在创造人类时,是拿石头扔到背后去[①]。

注:①据希腊神话,洪水以后,世上只剩下杜卡利盎和彼尔他们两个人,于是神示意他们把母亲的骨骼从头顶扔到背后去。他们认为大地是万物之母,石头是母亲的骨骼,就照办了。每一块石头扔到背后都变成了人。(梭罗,1982: 4)

王译:据说,丢卡利翁和皮拉在创造人类时,是把石头从头顶扔向身后[①]。

注①:见希腊神话。(梭罗,2005: 3)

田译:据说,杜卡里昂和比拉是通过肩膀向身后扔石头来创造了人类。(梭罗,2010:3)

潘译:据说,丢卡利翁和庇娜是从头顶向身后扔石头才创作了人类[①]。

注:①源自古希腊神话,丢卡利翁(普罗米修斯之子)与妻子庇娜逃脱了宙斯所发的洪水,夫妇俩从肩头向身后扔石头(指大地母亲的骨头),石头变成男男女女,从而重新创造了人类。(梭罗,2015:3)

此例中四位译者仍然沿用一贯的翻译方法,只是徐迟和潘庆舲对两位神如何创造人类的解释更为详细。

(4) The summer, in some climates, makes possible to man a sort of Elysian life. (Thoreau, 2004: 13)

徐译:在若干地区,夏天给人以乐园似的生活。(梭罗,1982:11)

王译:在某些气候里,夏天可以使人过上一种乐园①似的生活。

注:①乐园(Elysium),希腊神话中指的是英雄死后享受的天堂。(梭罗,2005:10)

田译:夏天在某些地方,则被视为天堂。(梭罗,2010:9)

潘译:在一些气候区,夏天会给予人们一种上天乐园似的生活。(梭罗,2015:9)

四位译者都采用直译的方法来翻译 Elysian,王光林是唯一一位注解说明 Elysian 是希腊神话中的天堂的译者。

(5) We worship not the Graces, nor the Parcas, but Fashion. (Thoreau, 2004: 25)

徐译:我们并不崇拜娴雅三女神①,也不崇拜帕尔茜②。我们崇拜时髦。

注:①希腊神马中,光明快乐及壮盛之三位女神的总称。

②罗马神话中,命运三女神之总称。(梭罗,1982:22)

王译:我们崇拜的不是美惠三女神①,也不是命运三女神,而是时髦女神。

注:①希腊神话中,欢乐、花朵和灿烂三女神之总称。(梭罗,2005:18)

田译:我们崇拜的不是美神、命运之神,而是时尚女神。(梭罗,2010:17)

潘译:我们崇拜的不是美惠三女神①,也不是帕尔茜②三女神,而是时尚女神。

注:①古希腊神话中,司掌光明、欢乐和壮盛的三女神的总称。

②古罗马神话中的命运三女神的总称。(梭罗,2015:17)

通过对比，我们可以看出徐译和潘译对神名的音译体现出了异化的倾向，王译相对而言，采用意译法，加了一个注解。田译则对异地文化都做了归化处理。

老一辈的译者徐迟、潘庆舲、王光林对西方特有的神话典故采取音译（直译）加注的方法。相对年轻一点的译者田伟华则更注重译文的流畅度，很少加注。

由此反映出的一个问题是希腊罗马神话中的诸神名字的汉译应该规范。如例（3）中 Deucalion and Pyrrha 在四个译文中分别译为杜卡利盎和彼尔、丢卡利翁和皮拉、杜卡里昂和比拉、丢卡利翁和庇娜。译者可以参考一些词典类工具书，例如，根据考鲁刚和郑述谱编译的《希腊罗马神话词典》（1984）的译名对照表，Deucalion 译为“丢卡利翁”，Pyrrha 译为“皮拉”。

4.4 《山海经》的英译

《山海经》是先秦重要古籍，含有大量中国传统神话故事，比如女娲补天、精卫填海、夸父逐日、大禹治水等神话传说。古代中国神话的基本来源是《山海经》，其中大量的文化负载词缺乏对应的英语表达。下面以美国学者安妮·比勒尔（Anne Birrell）1999 年和国内王宏、赵峥 2010 年的两个全译本，以及美国学者石听泉（Richard E. Strassberg）2002 年的节译本为例，借鉴其如何应对文化缺省。

1）利用副文本进行厚译

译者可以充分利用副文本，通过前言、注释、附录等详细介绍原作的特点、译文的翻译方法和关注的重点。

比勒尔英译本有近 40 页的序言，书末附有近 100 页的详尽注解。译本的一大特色是将《山海经》里所有的名字，不管是宗教、历史、神话都翻译成对应的英文，而不是像先前译本那样采取音译的方法。比勒尔称这种方法能够避免在每个句子中都出现音译，导致译文笨拙，不好理解，她的这种方法能让译文充满生气（Birrell，1999：XIII）。

王宏译本在前言里介绍了《山海经》的成书年代、研究、影响和翻译。考虑到读者对象主要是英美国家的普通读者，译者在翻译此书时制订的总的原则是，译文要做到“明白、通畅、简洁”。对技术性强的条目尽可能使用简洁易懂的语言，采用解释性译法。而对叙事性条目则采用直译法，尽可能再现原文风格。《山海经》原文涉及的人名、地名尽量采取音译法，以求统一（王宏，赵峥，2010:31）。附录里有动植物和矿物的中英文对照表。

石听泉译本的前言、编者序和介绍占了80多页，正文是蒋应镐绘制76幅图相对应的《山海经》章节的翻译和解释，接下来是40多页的注释。他主要关注的是《山海经》中的神奇动物。在编者序里，他对《山海经》的英译历史和这本书的翻译特点进行了说明，同时列出了不同计量单位的换算、中国各朝代起止年份和专词缩写等。他提出的翻译方法是用拼音系统地将所有名字拉丁化，大多数遵循当代标准普通话的发音，同时也尽可能地将这些动物名、地名和实物名翻译出来。偶尔会沿用比勒尔的译本和其他著作中已有的翻译，希望有助于统一中国神话学的通用术语。对于名字含义不清，不知所云和只是表音的尽量不去翻译(Strassberg, 2002: XVIII)。

2)翻译方法的平衡

下文以《山海经》中精卫填海的神话故事为例来讨论三位译者所采用的翻译方法。

原文：又北二百里，曰发鸠之山，其上多柘木，有鸟焉，其状如乌，文首，白喙，赤足，名曰精卫，其鸣自詨。是炎帝之少女名曰女娃。女娃游于东海，溺而不返，故为精卫。常衔西山之木石，以堙于东海。漳水出焉，东流注于河。（袁珂译注，2016:69）

比勒尔译：Two hundred leagues further north is a mountain called Mountain Showdove. Dye mulberry trees are numerous on its summit. There is a bird on this mountain which looks like a crow, but it has markings on its head and it has a white beak and scarlet feet its name is the Sprite Guard.

When it sings, it calls itself 'Jing-wey'. This is the great god Flame's youngest daughter. Her name is Girl Lovely. Girl Lovely was spotting in the East Sea when she drowned and did not come back. This is why she became the Sprite Guard. For eternity she carries wood and pebbles in her beak from the West Sea to dam up the East Sea. The River Brocade rises here and flows east to empty into the Great River. (Birrell, 1999: 48)

书末对精卫的注释如下：

Sprite Guard (*Ching Wei*): The name of the goddess Girl Lovely, daughter of the great god Flame, after she drowned and was metamorphosed as a bird. Her function as a divine bird was to dam the East Sea, in which she drowned, with beakfuls of wood and stone from the West Sea. (Birrell, 1999: 261)

王宏译：200 *li* further north is a mountain called *Fajiu* where there are plenty of three-bristle cudrania trees. There is a bird called *jingwei* which looks like a crow and has white markings on its head, a white beak and red claws. It is named after its call. The bird was originally Nü Wa, the youngest daughter of Emperor Yandi. She was drowned when swimming in the East Sea and was unable to return. Thus she transformed herself into the bird *jingwei* and often carried broken woods and pebbles in the mouth to fill the East Sea. The *Zhangshui* River flows out of this mountain and runs to the east before it finally empties into the Yellow River. (王宏, 2010:97)

石听泉译：SPIRIT-GUARDIAN (JINGWEI) 精卫 *Three thousand ninety li farther southeast, then northeast, stands Departing-Doves Mountain. On its heights are many mulberry trees. There is a bird dwelling here whose form resembles a crow with a patterned head, white beak, and red feet. It is called Jingwei and makes a sound like its name. She is the younger daughter of the Flame Thearch named Nüwa. Nüwa was swimming in the Eastern Sea when she was unable to return to shore and drowned. She then transformed into the bird Spirit-Guardian and regularly carries twigs and stones from the Western Mountains to fill up the Eastern Sea. The Zhang River emanates from here and flows eastward into the Yellow River.* One of the relatively few goddesses recorded in ancient Chinese mythology, Spirit-Guardian's story has been seen as exemplifying the motifs of pathos, revenge, and, perhaps, punishment for trespassing in the territory of a sea god. The poet Tao Qian expressed sympathy with her plight in the tenth of his cycle of poems on reading the Guideways but saw her desire for revenge as ultimately futile. Later she was considered by Daoists to have become a Transcendent. In modern China, she has been popularized as a symbol of someone refusing to accept defeat. (Strassberg, 2002: 132)

王宏译本在附录的动物中英文对照表里给出了 *jingwei* 相对应的中文"精卫"。石听泉译本则图文并茂,在书中给出了"精卫填海"的相应插图。

石听泉译本在书后的词汇表中列出的词条是 Spirit-Guardian (Jingwei) 精卫。这一段中有关地名、人名和神鸟的文化词翻译对比如下表:

文化词	比勒尔译	王宏译	石听泉译
发鸠	Mountain Showdove	*Fajiu*	Departing-Doves Mountain
精卫	Sprite Guard Jing-wey	*jingwei*	SPIRIT-GUARDIAN (JINGWEI) 精卫

（续表）

文化词	比勒尔译	王宏译	石听泉译
炎帝	god Flame	Emperor Yandi	Flame Thearch
女娃	Girl Lovely	Nü Wa	Nüwa
漳水	The River Brocade	The *Zhangshui* River	The Zhang River

与各译本序言中描述的翻译方法一致，比勒尔译文基本上都翻译成了对应的英文，只有鸟的叫声采用了拼音，王宏译文全部用现代汉语拼音翻译，石听泉的译文介于两者之间，既有翻译也有拼音，比如对“精卫”一词的处理，先英译，再用拼音，最后附上汉字，呈现给读者的是 SPIRIT-GUARDIAN (JINGWEI) 精卫，获得了好评。卡多斯（Michael A. Kardos）在对石听泉译本的书评中，认为：“石听泉灵活地平衡了翻译和文学化翻译之间的分界线……他理性地思索了翻译方法，试图平衡学者和以英文为对象的读者两方面的需求。”（郭恒，2019：34）

与其他两个译文相比，石听泉还补充解释了本则神话故事所表现的母题，悲情、复仇，或许还有对侵入海神领地的惩罚，以及中国对精卫填海这一传说的看法，从旧时徒劳的复仇，道教的超然，到当代广为流传的象征意义——拒绝接受失败。这一做法也值得其他译者借鉴。

翻译练习

(1)

The Different Ages of Man

In the Age of Gold, the world was first furnished with inhabitants. This was an age of innocence and happiness. Truth and right prevailed, though not enforced by law, nor was there any in authority to threaten or to punish. The earth brought forth all things necessary for man without his labor in plowing or sowing. Perpetual spring reigned, flowers sprang up without seed, the rivers flowed with milk and wine, and yellow honey distilled from the oaks.

The Silver Age came next, inferior to the golden. Jupiter shortened the spring, and divided the year into seasons. Then, first, men suffered the extremes of heat and cold, and houses became necessary. Crops would no longer grow without planting. This was a race of manly men, but insolent and impious.

Next to the Age of Silver came that of brass, move savage of temper and readier for the strife of arms, yet not altogether wicked.

Last came the hardest age and worst—of iron. Crime burst in like a flood; modesty, truth, and honor fled. The gifts of the earth were put only to nefarious uses. Fraud, violence, war at home and abroad were rife.

Jupiter, observing the condition of things, burned with anger. He summoned the gods to council. Jupiter set forth to the assembly the frightful condition of the earth, and announced his intention of destroying its inhabitants, and providing a new race, unlike the present, which should be worthier of life and more reverent toward the gods. Fearing lest a conflagration might set Heaven itself on fire, he proceeded to drown the world. Speedily the race of men and their possessions, were swept away by the deluge.

Parnassus alone, of the mountains, overtopped the waves; and there Deucalion, son of Prometheus, and his wife Pyrrah, daughter of Epimetheus, found refuge—he a just man and she a faithful worshiper of the gods. Jupiter, remembering the harmless lives and pious demeanor of this pair, caused the waters to recede. Then Deucalion and Pyrrha, entering a temple defaced with slime, approached the enkindled altar and, failing prostrate, prayed for guidance and aid. The oracle answered, "Depart from the temple with head veiled and garments unbound, and cast behind you the bones of your mother." They heard the words with astonishment. Pyrrha first broke silence: "We cannot obey; we dare not profane the remains of our parents." They sought the woods, and revolved the oracle in their minds. At last Deucalion spoke: "Either my wit fails me or the command is one we may obey without impiety. The earth is the great parent of all; the stones are her bones; these we may cast behind us; this, I think, the oracle means." They veiled their faces, unbound their garments, and, picking up stones, cast them behind them. The stones began to grow soft and to assume shape. By degrees they put on a rude resemblance to the human form. Those thrown by Deucalion became men; those by Pyrrha, women.

（选自《希腊罗马神话:英汉对照》）

(2)

What is the pill which will keep us well, serene, contented? Not my or thy great-grandfather's, but our great-grandmother Nature's universal, vegetable, botanic medicines, by which she has kept herself young always, outlived so many old Parrs in her day, and fed her health with their decaying fatness. For my panacea, instead of one of those quack vials of a mixture dipped from Acheron and the Dead Sea, which come out of those long shallow black-schooner looking wagons which we sometimes see made to carry bottles, let me have a draught of undiluted morning air. Morning air! If men will not drink of this at the fountainhead of the day, why, then, we must even bottle up some and sell it in the shops, for the benefit of those who have lost their subscription ticket to morning time in this world. But remember, it will not keep quite till noonday even in the coolest cellar, but drive out the stopples long ere that and follow westward the steps of Aurora. I am no worshipper of Hygeia, who was the daughter of that old herb-doctor Aesculapius, and who is represented on monuments holding a serpent in one hand, and in the other a cup out of which the serpent sometimes drinks; but rather of Hebe, cupbearer to Jupiter, who was the daughter of Juno and wild lettuce, and who had the power of restoring gods and men to the vigor of youth. She was probably the only thoroughly sound-conditioned, healthy, and robust young lady that ever walked the globe, and wherever she came it was spring.

（选自 *Walden*）

（3）

有系昆之山者，有共工之台，射者不敢北乡。有人衣青衣，名曰黄帝女魃。蚩尤作兵伐黄帝，黄帝乃令应龙攻之冀州之野。应龙畜水，蚩尤请风伯雨师，纵大风雨。黄帝乃下天女曰魃，雨止，遂杀蚩尤。魃不得复上，所居不雨。叔均言之帝，后置之赤水之北。叔均乃为田祖。魃时亡之。所欲逐之者，令曰："神北行！"先除水道，决通沟渎。

（选自《山海经·大荒北经》）

（4）

那座山正当顶上，有一块仙石，其石有三丈六尺五寸高，有二丈四尺围圆。三丈六尺五寸高，按周天三百六十五度；二丈四尺围圆，按政历二十四气。上有九窍八孔，按九宫八卦。四面更无树木遮阴，左右倒有芝兰相衬。盖自开辟以来，每受天真地秀，日精月华，感之既久，遂有灵通之意。内育仙胞，一日迸裂，产一石卵，似圆球样大。因见风，化作一个石猴。五官俱备，四肢皆全。便就学爬学走，拜了四方。目运两道金光，射冲斗府。惊动高天上圣大慈仁者玉皇大天尊玄穹高上帝，驾座金阙云宫灵霄宝殿，聚集仙卿，见有金光焰焰，即命千里眼、顺风耳开南天门观看。二将果奉旨出门外，看的真，听的明。须臾回报道："臣奉旨观听金光之处，乃东胜神洲海东傲来小国之界，有一座花果山，山上有一仙石，石产一卵，见风化一石猴，在那里拜四方，眼运金光，射冲斗府。如今服饵水食，金光将潜息矣。"玉帝垂赐恩慈曰："下方之物，乃天地精华所生，不足为异。"

（选自《西游记：汉英对照》）

第五章　戏剧文化与翻译

5.1　中西戏剧文化发展与交流

戏剧是文学寓教于乐的一种方式，戏剧翻译及其研究是对人类文明的传播和共享。西方戏剧发端于古希腊，兴盛于文艺复兴时期，以莎士比亚戏剧为顶峰。中国古典戏曲历史悠久，自宋代真正成型，经元、明、清三朝的成熟期而进入现代，至今繁盛不败。在其漫长的发展过程中，中国古典戏剧曾先后发展出宋元南戏、元代杂剧、明清传奇、清代地方戏等四种基本形式，剧种多达 360 有余。

中西戏剧从 17 世纪开始可能就有零星的交集，意大利耶稣会士 1583 年来到中国之际，莎士比亚的作品随东印度公司飘向亚洲，到了 18 世纪初，中国古典戏剧由传教士正式译介到欧洲。第一部被译为多国语言在欧洲传播并被伏尔泰赞誉的作品是元代纪君祥的杂剧《赵氏孤儿》。19 世纪，中国古典戏剧中的部分著名曲目已传入英美。之后，中西戏剧的碰撞和交流日益频繁。

纵观中西戏剧交流史，中西戏剧的交流离不开戏剧翻译工作，英国学者苏珊·巴斯尼特（Susan Bassnett，1998）曾将戏剧翻译称为“问题最多且最受忽视的翻译研究领域”。她曾在多篇论文中形象地将戏剧翻译比作一座“迷宫”（labyrinth）。她的这一评价和比喻得到了国内外诸多学者的响应。在最近的二十年里，戏剧翻译及相关的跨文化戏剧和改编研究领域获得了更多的关注。莎士比亚的戏剧因 2014 年莎士比亚诞辰 450 周年和 2016 年莎士比亚和汤显祖逝世 400 周年而广受读者和观众青睐。本章以《罗密欧与朱丽叶》的英译中和中译英译文作为案例来浅谈中西戏剧的翻译特征。

5.2 《罗密欧与朱丽叶》的汉译

《罗密欧与朱丽叶》因其爱情主题成为莎士比亚最著名的悲剧之一。它大约创作于1595年，四百多年来，世界各地出现过不同的改编本和译本，仅在中国就至少有8个译本，其爱情故事被林纾和魏易于1904年译介到中国。1924年田汉翻译的译本可谓是最早的，较新的是2014年傅光明的译本，最有影响力的是1947年朱生豪的译本，最有诗体特色的是1998年孙大雨的译本，最遵循原著语言的是1967年梁实秋的译本，最有舞台气息的则属1944年曹禺的版本。这些各具特色的译本使得《罗密欧与朱丽叶》在中国不断焕发出夺目的光彩，吸引着一代又一代的读者和观众。

本节对比分析朱生豪和傅光明的译文，以探讨两者的翻译风格和特色。作为影响力最大的译本，朱生豪的译作最突出的特点是不仅忠实于原文，而且文辞优美，辞藻丰富。这得益于朱生豪深厚的中文功底。此外，他的译文有净化和归化两个特点，这既是亮点，也是被诟病之处，下文会根据案例细述。傅光明和朱生豪一样，中文底蕴深厚，译文较符合受众的文化。不同之处也较多，包括对韵体诗、宗教用语等的不同处理。

以《罗密欧与朱丽叶》中罗朱两人初次相遇时的经典对话的翻译为例：

ROMEO TO JULIET

If I profane with my unworthiest hand
This holy shrine, the gentle sin is this:
My lips, two blushing pilgrims, ready stand
To smooth that rough touch with a tender kiss.

JULIET

Good pilgrim, you do wrong your hand too much,
Which mannerly devotion shows in this,

For saints have hands that pilgrims' hands do touch,
And palm to palm is holy palmers' kiss.

ROMEO

Have not saints lips, and holy palmers too?
Ay, pilgrim, lips that they must use in prayer.
O, then, dear saint, let lips do what hands do:
They pray, grant thou, lest faith turn to despair.
Saints do not move, though grant for prayers' sake.
Then move not, while my prayer's effect I take.

朱生豪译文:
罗密欧 (向朱丽叶)
要是我这俗手上的尘污,
亵渎了你的神圣的庙宇,
这两片嘴唇,含羞的信徒,
愿意用一吻乞求你的宥恕。
朱丽叶 信徒,莫把你的手儿侮辱,
这样才是最虔诚的礼敬;
神明的手本许信徒接触,
掌心的密合远胜于亲吻。
罗密欧 生下了嘴唇有什么用处?
朱丽叶 信徒的嘴唇要祷告神明。
罗密欧 那么我要祷求你的允许,
让手的工作交给了嘴唇。
朱丽叶 你的祷告已蒙神明允准。
罗密欧 神明,请容我把殊恩领受。

(莎士比亚,2003:22)

傅光明译文:
罗密欧 (向朱丽叶)
要是我用这一双尘世之手的卑微,

把这圣洁的庙宇亵渎,我要救赎,
让香客含羞的嘴唇赦免温存之罪,
让那轻柔之吻抚平我牵手的粗鲁。
朱丽叶 虔诚的香客,别这样怪罪这牵握,
牵手原本是香客由衷的虔敬诚恳。
因为圣徒的手可以由香客去触摸,
与圣洁手掌相握便是香客的亲吻。
罗密欧 圣徒只有圣洁的手掌,不长嘴唇?
朱丽叶 啊,香客,祈祷时嘴唇便派用场。
罗密欧 哦,圣徒,让嘴唇替代手的温润,
恳请不要让双唇的信仰变失望。
朱丽叶 你的恳请获允准,圣徒恭候祷告。
罗密欧 圣徒别移动脚步,我会前来领教。

(莎士比亚,2014:47-48)

两相对比会发现,朱生豪译笔流畅,传递出莎剧的神韵,正如他在《译者自序》中所言:“在最大可能之范围内,保持原作之神韵,不得已而求其次,亦必以明白晓畅之字句,忠实传达原文之旨趣,而于逐字逐句对照之硬译,则未敢苟同。”(2000:236-237)。他的翻译既达到了意译的神韵,又实现了直译的忠实于原文,可谓集齐了两者的优点。形式上每行十字,与原文的五步抑扬格较为对应。傅光明的译文相对较长,虽不乏美感,但有冗余拖沓之感,不及朱生豪译文顺畅。另外,傅光明的译文倾向重复,如连着四行每行出现“牵握”“牵手”“手……触摸”“手掌相握”这些牵手意向,不知是故意强调还是无意重复。作为舞台语言,过于重复的语言除非是有特殊目的,否则会有冗余累赘之嫌,不易于演员记台词。每行十四个字,比朱生豪的译文多出四个,更加显出朱生豪译本的简练传神。

从韵律来看,朱生豪的译文不是很完美,第一、三、五、七行做到了隔行押韵,后面几行没有做到完全押韵。傅光明的翻译则结构整齐、韵律十足。尾韵的齐整削弱了其字数过多带来的拖沓感。

傅光明的译文虽较为冗长,但很多时候他把莎剧原文的信息都完完整整地呈现出来了，实现了"信息对等"，而朱生豪则根据中国读者和观众的习惯大刀阔斧地删节了一些淫秽用语和宗教用语。傅光明译本不仅未做删减，而且添加了很多文化方面的注释，包括古希腊神话和《圣经》隐喻，并且有洋洋洒洒几十页的介绍。譬如，从对剧作的文化背景和伊丽莎白时期宗教环境的翻译来看，傅光明明显比朱生豪做得更加细致。比如班福里奥有句台词，傅光明和朱生豪的译文都差不多："分开，一群蠢材！把剑收起来，知道你们在干什么吗？"但傅光明译本对此进行了说明。

傅光明将《罗密欧与朱丽叶》中或显或隐的圣经隐喻都翻译了出来，或以注释的方式体现出来。他指出："莎士比亚对《圣经》熟悉到了我们今天看来完全是随心所欲、不露痕迹、运用自如、出神入化的境地。在莎士比亚的全部剧作中，几乎没有哪一部不包含、不涉及、不引用、不引申《圣经》的引文、典故或释义。"《罗密欧与朱丽叶》也非例外。第二幕第三场的开头，劳伦斯修士有一句话是："一片片斑驳的阴云像蹒跚的醉汉，/ 被泰坦神的车轮驱赶得四处奔逃。"朱生豪译本为："看赤轮驱走了片片乌云，/像一群醉汉向四处狼奔。"朱生豪的译文形神兼备，传神地译出了莎士比亚精妙的比喻手法，但是其中所蕴含的宗教色彩却未体现出来。傅光明译本则指出了莎士比亚创作所倚重的《圣经》资源，在《圣经·旧约·以赛亚书》(24：20)中有这样的话："大地震动，像酒醉的人东倒西歪，像台风中的茅屋摇摇晃晃。世界因罪而堕落，崩溃，破碎，永远不能再站起来。"在《圣经·旧约·诗篇》(107：27)中也有类似的诗行："他们东倒西歪，像喝醉了酒；/ 他们的才能完全失效。"

朱生豪和傅光明都是文学功底深厚的学者，译作皆散发出浓郁的文学色彩。如果说朱生豪的译文是适合文学爱好者摆放在案头的读物，那么傅光明的译文更适合文学研究者摆放在书桌上以备查阅，两者各有千秋，文学爱好者和文学研究者可因需而取。

5.3　昆曲版《罗密欧与朱丽叶》的英译

随着中华学术外译的兴起，《罗密欧与朱丽叶》也在从输入——

不断地被改编和翻译为中文，走向输出——中国戏剧版《罗密欧与朱丽叶》被译介到国外。2016 年在爱丁堡艺术节展出的昆曲版《罗密欧与朱丽叶》即为中国戏曲输出的一个代表。

昆曲版《罗密欧与朱丽叶》的写作手法严格遵从传统套曲之规范，词句十分考究，长短句严格顺从古法，呈现的是原原本本昆曲的精华。我国传统音乐中，曲牌音乐具有悠久的历史，早在宋代时，由于城市民间音乐的繁盛，曲牌音乐形式的逐渐发展扩大，曲牌联套的音乐结构出现了。这种结构经元杂剧的发展，到明清昆曲达到鼎盛。剧本中曲牌名依次为【粉蝶儿】【石榴花】【泣颜回】【扑灯蛾】【黄龙滚犯】【煞尾】【引子】【绕池游】【山坡羊】【山桃红】【棉搭絮】【南乡子】【锁南枝】【前腔】【隔尾】【懒画眉】……完完整整地呈现出原汁原味的艺术盛宴。

除此之外，昆曲版《罗密欧与朱丽叶》既灵活运用了“西施画舸，范蠡烟波”“洛女下凌波”“做个赵师雄到那罗浮山把美人访”“写离骚香草美人愁”“想司马茂陵秋瘦”“卓文君怨白头，绿珠吟，相思剖”“怕杜陵当日尚没佳篇”等著名典故，又巧妙地用了诸如“霓裳一派瑶池堕”“云情暖，花貌香”“漫说瑶台月下幸相逢，又住了群玉山头第一峰”“旗亭向日晚，蔼蔼林岚生”“任飞花今日残红更旧”“倚遍这玉栏杆”“想一样菊花人瘦”等文学名句。中国古典文学里的经典意象也比比皆是，如“移宫换羽”“珍珠滚盘又数颗，彻底芙蕖现绿波”“做鸳鸯栖着渔梁靠”“任那斜阳”“倚遍这玉栏杆”“但愿得桃花依旧”“恰好个暮春三月天”“一霎的崔成满纸云烟”等。单单列出这三种语言特色，就可窥见昆曲的言辞精妙了，还可以通过昆曲触碰历史，浸润在古典美当中。

要把这样融合了古代传说、故事、历史事件的昆曲传神地翻译出来，让中国昆曲、中国戏剧更好地走出去，同时又要考虑西方读者或观众的接受程度，实属不易。因为大部分外国读者或观众对中国古代的文化了解不够深入，倘若采用直译加注的方式，反而牺牲了读者的审美体验。如果把过多时间用于理解文本，就没有太多精力去欣赏昆曲表演。因此，译文大体上是意译的翻译风格，以达意为主。虽然牺牲了一定的准确性，但是却达到了交际的功能。

1）译文的互文性

译文运用了互文。互文性（intertextuality）源于拉丁语（intertexto），意指文本与文本之间的相互指涉、相互映射的性质。茱莉亚·克里斯蒂娃（Julia Kristeva）于1969年在《词、对话、小说》中提出“互文性”一词，后来又在《符号学，语意分析研究》一书中对“互文性”做出了进一步的阐释（王洪涛，2010：6）。在她看来，“任何作品的文本都是像许多行文的镶嵌品那样构成的，任何文本都是其他文本的吸收和转化”（黄念然，1999：15）。

我们可以把昆曲版《罗密欧与朱丽叶》看作一种符号，通过这种符号，我们可以联想起莎士比亚的《罗密欧与朱丽叶》以及其他相关作品，重新回想起之前的阅读体验，将两者进行对比。新文本虽然对源语文本有一定程度的依赖性，例如，用词、用句、主题、思想等，但是新文本又是建立在源语文本基础上的一种升华。

(1)译文与威廉·华兹华斯《孤独的割麦女》的互文性

妙舞清歌，为她家妙舞清歌。

Refined dancing and elegant singing.

The banquet profound is overflowing with her songs.

看到这一句的时候，会让人联想到华兹华斯（Wordsworth）的《孤独的割麦女》（*The Solitary Reaper*）。

O listen! for the Vale profound

Is overflowing with the sound.

在遥远的田野上，有一个孤独的割麦女，一边勤劳地收割，一边放声歌唱。她的歌声如同夜莺般百啭动听，在广阔的谷地上飘扬着。而在昆曲版《罗密欧与朱丽叶》当中，朱丽叶舞姿美妙、歌声清亮。此时的她还没有遇见自己的爱人，还是一个纯真无邪、情窦未开的少女。她是宴会的中心和亮点，宴会似乎到处都回荡着她的歌声，这才有了后来罗密欧的一见钟情。

(2)译文与莎士比亚《麦克白》的互文性

罗密欧：(唱【泣颜回】)
清歌一曲醉颜酡，
活现有蓬莱一座。
轮杯递盏趁风光，绛烛消磨。
鸞笙象板列仙阶，婉转铿锵和。
斗芳菲，半阕春，
生蘸潇湘，六幅裙拖。

Romeo (Singing to the tune of *The Palace of Eternal Youth*):
Elegant songs and rosy faces,
Arisesa fabled abode of immortals.
Brief candles burning out, sweet hours are flying in wine cups.
Musical instruments of all kinds, strike melodies sonorous and harmonious.
Spring flowers are competing for fragrance,
My lady outdoes other splendors, each fold of her dress radiating beauty.

“绛烛消磨”翻译成了 brief candles burning out，作状语成分。brief candle 这一意象来自莎士比亚《麦克白》里面主人公麦克白的经典独白。

[Act V, Scene 5]
Macbeth:
Out, out, brief candle!
Life's but a walking shadow, a poor player...

麦克白因为谋杀邓肯国王篡位成功，内心怀着巨大的恐惧。麦克白夫人虽然是主谋，但是其实她和其他三个女巫一样，只是麦克白内心膨胀欲望的帮凶。麦克白夫人的疯癫到后来的死亡，使得麦克白的心境更加凄凉。短促的烛光熄灭了。人生是一个舞台，每个人都只是其中的一个演员，片刻的登场，短暂的演出，又默然地退幕。每一个愚人所讲的故事，都充满了喧哗和骚动，却没有一丝意义。人生在麦克白看来是无意义的，只是因为他做了无意义的事情，一直折磨着自己的内心。

在这里，罗密欧也有人生短暂之感，只不过他所感伤的是欢乐时光的短暂。美好的事物总是如同昙花一现般转眼即逝。用 brief candles burning out 可以很好地表达"绛烛消磨"的意味。只不过《麦克白》里面的可能是葬礼上的白烛，而《罗密欧与朱丽叶》里面的是宴会上表达喜庆的红烛，即便蜡烛的颜色让人无比欣喜，欢乐时光的飞逝也让罗密欧顿生伤感之意。

(3)译文与莎士比亚《皆大欢喜》的互文性

罗密欧：(唱【江儿水】)
复睹芳容面，
哎呀我那姐姐呀！
执手相看泪眼，
厮顾恋换得锥心錾。
骤然琴碎朱弦断，
流苦儿相思情难按。
哎呀姐姐……
幻梦百年遁溃，
韶华倾负，尘梦破，万物凋残。

Romeo (Singing to the tune of *The River Water*):
Beholding the beauty's face,
Oh, my sister and lover!
Holding each other's hand with tears,
The return of passion is heart-stricken death.
Suddenly, zither is crushed and strings of the instrument are broken.
Nothing can pacify my unbearable bitterness and lovesickness.

Oh my miss...
Disillusion is gone,
... ...
Sans splendor youth, sans earthly dream, and sans everything.

最后一句"韶华倾负,尘梦破,万物凋残"的翻译 Sans splendor youth, sans earthly dream, and sans everything 借用了莎士比亚的喜剧《皆大欢喜》(*As You Like It*)里面的描写人生阶段的精彩篇章。

[Act II, Scene 7]
Jaques (lord):
His acts being seven ages.
...Last scene of all,
That ends this strange eventful history,
Is second childishness and mere oblivion;
Sans teeth, sans eyes, sans taste, sans everything.

这一段是跟随老公爵被流放到亚登森林里的大臣贾克斯对人生旅程的评价,可谓发人深省。男男女女不过是世界舞台上的一名演员而已,毫无预知地登场,从婴儿阶段到老年,一共扮演七个角色。一开始是哇哇大哭的婴儿,在母亲的怀抱里面寻求温暖和安定;二是背着书包去上学的读书郎,有着朝气蓬勃的面庞;三是年轻的恋人,体会爱情的酸甜苦辣;四是捍卫疆土的士兵,许下了保家卫国的誓言,但摆脱不了荣誉和名誉的桎梏;五是大腹便便的法官,迂腐世俗;六是傻傻的老年,戴着老花眼镜;人生的最后一个阶段,也是每名演员表演的最后一场,是二度童年。白发苍苍的老人像是重回孩提时代,只是此刻已经没有了牙齿,没有了好的视力,没有了味觉,一切皆空。最后一句让人有一切皆空之感。

在昆曲版《罗密欧与朱丽叶》里,朱丽叶幻觉破灭,香消玉碎。罗密欧看到自己的爱人逝去,顿时感伤万千,方有"万物凋残"之感。朱丽叶正处芳华之年,却如梦般消散,罗密欧觉得自己辜负了她的一片深情，也辜负了两人的灼灼年华。尘世间这一美好的爱情理想已然幻灭，仿若《梁山伯与祝英台》里面最后两人纷纷化蝶的场景。罗密欧发此感叹，也预示着他也看破红尘，准备追随朱丽叶的脚步，随她仙去。既然两人不能在尘世间相依相偎，那只好死后化作比翼鸟，自由自在地守护两人之间的爱情。

2）译文的丰富意象性和韵律性

昆曲版《罗密欧与朱丽叶》侧重于舞台演出，目的是让目标读者将注意力放在舞台表演上，去欣赏人物的肢体语言，了解昆曲的舞台表演艺术。翻译剧本的策略便要有所调整，译文既要遵循忠实地传达人物情节意蕴、译出美感的原则，也要考虑到受众的接受程度。因此，译文既不能太过艰深，否则会将观众的注意力分散到理解台词和故事情节上，也不能完全迎合观众的口味，否则便失去了昆曲的本色，违背了翻译的初衷。

翻开昆曲版《罗密欧与朱丽叶》的英译本，既可以感受到浓浓的昆曲气息，又可以领略到西方文化的魅力。现选取几例进行分析：

(1)译文保留较多原文意象

①耿耿的牛郎意讹
　遥遥的织女情多
The ingenuous cowherd is moved and the weaving lass is affectionate
鹊桥没架银河朗亘
And yet the bridge in The Legend of Love is unconnected
②做鸳鸯栖着渔梁靠，也。
We are like the sweet couple of the mandarin ducks
③睇盼着刘郎重又
Expect Liu Yuxi’s returning

虽然这些意象，诸如 cowherd、weaving lass、mandarin ducks、Liu Yuxi 等是不为外国观众所熟知的，但译文中保留这些意象，可以让外国观众带着疑问，更深层次地了解中国文化。

(2)译文融入西方经典意象

①则问你绮席华筵那日娇，

On the banquet day, thou are far more beautiful than the Three Graces

②光闪闪风流满座。

In the sparkling light, all seats are taken by romantic wits.

③怏怏的歌云不散，

No nightingale did ever chant more haunting notes

④昨日里夜难寐，意惹情魔。

Hit by Cupid's arrows, I could not sleep last night.

①中的 Three Graces 是希腊的美惠三女神；②中的 romantic wits 让人联想到伊丽莎白时期的大学才子派——university wits；③中的 nightingale 让人联想到英国浪漫主义诗人华兹华斯的《孤独的割麦女》；④中的 Cupid's 是罗马神话的小爱神，hit by Cupid's arrows 是 fall in love 的经典表达。字里行间浸润着西方的文化，便于调动观众的兴趣，使他们有熟悉之感。

(3)译文充分考虑英语诗歌的韵律特点

①不由咱带青骢，策鞭忙过。

Riding my bluish white horse, I am spurring in a haste.

昨日里夜难寐，意惹情魔。

Hit by Cupid's arrows, I could not sleep last night.

②朱丽叶：(白)感君多情……

Juliet: I am touched by your affection and passion...

③倚卿卿玉软香浮

My dear brother murmurs and mopes

①中的 horse 和 arrows、haste 和 night、句与句间押韵；②中的 affection 和 passion 押尾韵；③中的 murmurs 和 mopes 押头韵。

翻译练习

(1)

妙舞清歌，为她家妙舞清歌。
不由咱带青骢，策鞭忙过。
昨日里夜难寐，意惹情魔。
想仙容摹丽质，乔装到，华府入座。
饱赏那洞府仙娥，抵多少，掷车潘果。

（选自昆曲版《罗密欧和朱丽叶》）

(2)

清歌一曲醉颜酡，
活现有蓬莱一座。
轮杯递盏趁风光，绛烛消磨。
鸾笙象板列仙阶，婉转铿锵和。
斗芳菲，半阕春，
生蘸潇湘，六幅裙拖。

（选自昆曲版《罗密欧和朱丽叶》）

(3)

Shakespeare and Bollywood—this seemingly unholy conjugation of the high brow and the popular across two very different cultures is, surprisingly, being increasingly naturalized. While both Shakespeare and Bollywood can be said to constitute cultural capitals of a kind—Shakespeare the millennial poet whose worldwide performance and publication bespeaks a global presence, and Bollywood, the largest film industry in the world, whose audiences are said to be spreading incrementally across the globe—they are, nevertheless, equally divergent, spanning almost insurmountable differences of language and culture.

（选自 *Bollywood Shakespeare*）

(4)

So it is not just "Shakespeare" that is a knotted and challenging entity in all its ramifications; it is also "Bollywood", with its layers of associations and contradictory meanings both inside and outside of India. The contributors of this volume therefore have their work well cut out. Taking both long distance theoretical and historical perspectives along with critical close-ups of particular Indian Shakespeare films, they investigate and interrogate the appropriation and domestication of Shakespeare.

(选自 *Bollywood Shakespeare*)

第六章　中西哲学与翻译

6.1　中西哲学比较

哲学有共通性和普遍性，因为中西哲学都要涉及宇宙本体、人生，以及主体和客体的关系。正因为如此，不同的哲学才能进行比较和翻译。但是，哲学植根于具体的历史时代与文化环境中，不同国家有不同国家的哲学。人们讨论中国古代哲学发展的时候，总会提到老子的“无为”、孔子的“仁”和带有神秘主义色彩的“庄周梦蝶”。而对于西方哲学，人们熟悉的有柏拉图的“理想国”、黑格尔的“正反合”三段论、笛卡尔的“我思故我在”。

1）哲学背景

中国的文化起源于黄河的中下游地区，很早就萌芽了农耕文明。农业是立国之本，农民靠土地生活，由此形成了家族制度。儒家思想强调个人的社会责任，道家思想强调人内心自然的秉性。道家爱慕自然，最后发展到主张“天人合一”。

希腊人生活在海洋国家，依靠贸易维持繁荣。他们的资源有限，要依靠个人奋斗，家族慢慢解体。生存的本能要求他们征服自然，从而形成了“物我二分”的理性思维模式。

2）与宗教的联系

中国哲学自其产生之日起，虽然受到中国本土和外来宗教的影响，但和宗教的联系并不紧密。儒释道与其说是宗教，不如说是人生哲学更为恰当，并不符合严格意义上的西方宗教神学，中国宗教的思想是以人为本，从而使中国哲学贯穿着宗教自由与个体性的精神。中国哲学，从整体来说，“沿着积极入世，执着人生，修身、齐家、治国、平天下，以人的道德伦理为轨迹的方向发展”。（杨芳，刘昆，2008：28）

在西方，大多数人信仰宗教，西方哲学自诞生之日起，便与宗教有着密切的联系。在古希腊哲学中，上帝的观念具有朴素的泛神论色彩，后来亚里士多德将上帝的观念哲学化。从总体上来说，欧洲中世纪的哲学追寻的是绝对信仰化的人格性上帝，这不同于希腊哲学中非人格性上帝。近代人们将理性作为审视一切的标准，近代哲学在对上帝观念的理解与诠释中也逐步走向理性化的进程。可见，一部西方哲学的发展史实际上是一部哲学与宗教、理性与信仰、自然与上帝的演变史。

3）根本观念

中国哲学讲究事物的对立统一，强调人与自然、人与人之间和谐的关系。《道德经》中说：“人法地，地法天，天法道，道法自然。”在中国文化史上，张载首次明确提出“天人合一”的命题。中国的阴阳之间并不对立，而是相互依存、此消彼长的关系。而西方哲学主张客观世界的独立性，“主客二分”思想最早产生于柏拉图，真正确立主客二分基本原则的是笛卡尔。笛卡尔提出了心灵、物质和上帝三个实体概念，并认为心灵和物质是独立存在的，是永远并列存在的两个实体。自笛卡尔奠定“主客二分”思维方式开始，经过康德、费希特、黑格尔的进一步强调与发展，其逐渐成为近代西方主导的思维模式。

> 中国传统哲学的基本态度是认为世界上的一切事物的存在都是共生、共在的，因此也是并且应当是和处、和谐的。多元和合是共生、共在的基础。多元和合，而非一元独立、二元对立，才是世界的根本，才是事物的根本。中国哲学强调共生、共在、和处、合作，而西方哲学强调对立、对抗、斗争、雄强。多元共在、多元和合、和处和谐、合作和平，是中国传统哲学最根本性的思想

观念，是中国传统哲学的根本（罗安宪，2019：9）。

张世英（1991：24）也指出，在中国哲学史上占主导地位的“天人合一”思想有其优点。哲学缺乏“主客二分”的思想传统，缺乏“主体性”原则。如何把“主客二分”与“天人合一”结合起来，是中国哲学发展中的一个重要课题。

4）表现方式

和西方哲学家的著作相比，中国哲学家的著述十分简短，打开《论语》或《道德经》，我们会发现与之相关的内容只有寥寥数行。中国哲学的概念有多义性、模糊性，其哲学思想重在结论而疏于论证。所以，中国哲学最重要的方法论是“悟”。冯友兰（2012：21）指出：

> 这是因为中国哲学家惯于用格言、警句、比喻、事例等形式表述思想。《老子》全书都是以格言形式写成，《庄子》书中充满寓言和故事。即便在中国哲学家中以说理见长的孟子和荀子，把他们的著作和西方哲学家的著作相较，其中的格言、比喻和事例也比西方哲学著作中要多。格言总是简短的，而比喻和事例则总是自成段落，与前后文字不相衔接的。

不像中国哲学思想偏重直觉领悟，源自平常生活，西方哲学著作往往长篇累牍、概念清晰、意义确定，重逻辑推理和实证分析。例如，亚里士多德的《形而上学》共 14 卷，探讨了哲学对象和研究范围，对一些哲学术语做了释义，研究的是“作为存在的存在”（being qua being），考察万物的本原或终极原因。

东西方哲学表现方式的不同也体现在重要概念的表达形式上。比如，“道”与“逻各斯（logos）”常常被拿来做比较。从符号取向上看，“‘道’以诗性语言引导人从形而下世界走向形而上世界，定出了意象的隐喻和象征功能；‘逻各斯’……则以逻辑语言引导人从具体的经验现象上升到抽象的本质、本体、规则、原理，定出了概念和逻辑的推演与论证功能”（汪裕雄，1995：30）。

6.2 西方哲学 being 的汉译

哲学翻译，无论是外译中还是中译外，都是一件极富挑战的事。中西哲学各有自己的一套概念体系。西方哲学里有 epistemology、ontology、metaphysics，中国哲学里有“阴阳”“天地”“气”等范畴与概念，这些都在译入语中找不到对等物。概念范畴的非对应性会在一定程度上造成语义翻译的非对应性。当语言以及人们所使用的概念体系没有共同历史渊源的时候，原文与译文的差异必然更大。

20 世纪初，西方哲学的汉译术语多从日本引进，借用了不少中国古代已有的词汇，如“形而上学”“本体”“宇宙”等，或把中国单音词合成为多音词，如“哲学”“存有”等。

以 being 为例，汉语中也找不到与其完全对应的词汇。沈家煊认为，英汉语中“是”“存在”“拥有”的概念并不一致，英语 be 包括了“是”和“存在”两个概念，见下表（沈家煊，2020：3）。

<table>
<tr><th>概念</th><th>英语</th><th>汉语</th></tr>
<tr><td>“是”</td><td rowspan="2">be</td><td>是</td></tr>
<tr><td>“存在”</td><td rowspan="2">有</td></tr>
<tr><td>“拥有”</td><td>have</td></tr>
</table>

针对 being 一词如何翻译，中国学界至今未达成共识，因此，这一问题仍然是学术界讨论的一大热点。在知网上收集到的主要代表性主张有：

译文	学者	发表年份
being	王英姿	2008
“存在”或“存有”	陈波	2011
“存在”	蔡祥元	2013
being（what is being）	董志勇	2014
“是”	王路	2013/2014/2018

研究西方哲学的学者在论文中分析 being 在不同语境中的含义，并对其翻译进行悉心探究。从表格中我们可以看出 being 的译文包括“存在”“存有”“是”，或者采用零翻译，直接将 being 引入汉语。董志勇认为，在翻译 what is being 的问句时应保留 being。在不同语境中，如果西方哲学概念意义有所不同，术语的汉译也可以不同。如果标注了外文原文，则更能帮助理解。学术的探讨可以深化对中西方哲学概念的理解。

再以《哈姆雷特》第三幕第一场那段著名独白的首行 To be, or not to be, that is the question 的汉译为例，常见的译文如下(转引自许渊冲，2008)：

(1)生存还是毁灭，这是一个值得考虑的问题。(朱生豪)

(2)是生存还是消亡，问题的所在。(孙大雨)

(3)存在，还是毁灭，就这问题了。(林同济)

(4)死后还是存在，还是不存在——这是问题。(梁实秋)

(5)“反抗还是不反抗”，或者简单一些，“干还是不干”。(陈嘉)

(6)是生，是死，这是问题。(许国璋)

(7)生或死，这就是问题所在。(王佐良)

(8)生存还是不生存，就是这个问题。(曹未风)

(9)活下去还是不活，这是问题。(卞之琳)

(10)活着好，还是死了好，这是个问题。(方平)

(11)死，还是生？这才是问题的根本。(辜正坤)

以上译文选取了 being 的一个层面，翻译为“存在”“生”或“反抗”。许渊冲先生继续延续他的“让读者知之，好之，乐之”的观点，创造性地给出了一个更加口语化的译文：“要不要这样过日子？真是难了。”

王宏印在理解原文内涵的基础上，提出了三个层次的理解：人和万物的存在、个人形体的存在和人精神层次上的存在，采用北方方言，包含“活得像一个人”“活得要有个人样”(莎士比亚，2012：111)，然后进行了创造性的翻译:“活人呢,还是不活?这就是问题哪!”

王宏印还给出了较为详细的注释:

> 其实,以动词不定式表示存在的语法角度为基准,再从哲学存在论的角度进行语义分析,它无非有三种含义,可以理解为三个层次。其一,在宇宙观层次上,指人乃至万物的终极的存在抑或不存在。其二,在个人的形体的存在层次上,指具体的个人的存在方式,即生存抑或是毁灭的生死问题。其三,在人的存在的精神层次上,指个人是否能够按照自己的存在方式生沿下去,即能否保持自我与尊严的问题,或心灵是否高贵的问题。(莎士比亚,2012:267)

绝对的语义对等在翻译实践中是很难做到的。解释的多元化也是哲学生命力张扬的主要方式。多译本的存在显示了翻译的创造性,对其展开讨论很有意义,能够让中国读者进一步了解西方哲学的基本概念。

6.3 杜兰特《哲学的故事》的汉译

《哲学的故事》是美国哲学家威尔·杜兰特的成名作。该书用讲故事的方式,介绍了人类史上从苏格拉底、柏拉图到叔本华、尼采,再到罗素、杜威等15位著名哲学家的生平、思想和主要论著。作者学识渊博,行文生动活泼,能够让读者在很短的时间内对哲学发展和各种思潮有清晰的认识。该书出版后广受好评,第一年连续再版多次,迅速译成法、德、日、汉等多种语言,掀起了世界范围的哲学热潮。

1) 翻译时在内容方面准确传达原文信息,在风格方面尽量保持西方哲学文本严谨的风格,译文要流畅易懂

(1) There is a pleasure in philosophy, and a lure even in the mirages of metaphysics, which every student feels until the

coarse necessities of physical existence drag him from the heights of thought into the mart of economic strife and gain. Most of us have known some golden days in the June of life when philosophy was in fact what Plato calls it, "that dear delight"; when the love of a modestly elusive Truth seemed more glorious, incomparably, than the lust for the ways of the flesh and the dross of the world. And there is always some wistful remnant in us of that early wooing of wisdom. (Durant, 2006: XXVI)

梁译：哲学里有一种值得玩味的乐趣，即使是形而上学的海市蜃楼也自有其引人入胜之处，这是每一个学者都可领略到的。虽然七情六欲会把我们从思想的云端拉回到为了生计而患得患失、吵吵嚷嚷的世俗生活中来。但我们很多人都知道，人类历史上曾出现过一个叫“生命之夏”的黄金时代，那时候哲学事实上正如柏拉图所说，是“那种可爱的快乐”。对难以捉摸的真理的热爱似乎超过了对肉体享受和世俗财富的追求。上古对智慧这种无可比拟的崇拜时至今日仍然残留在我们渴望的灵魂中。(杜兰特，2009：1)

蒋译：哲学使人愉悦，即使是形而上学的幻景也蕴含诱惑，每个学习者都能体会得到，直到粗粝的生存需求将我们从思想的高峰拽下，抛入生活的撕扯琐碎中。我们大多数人都知晓古希腊罗马时期的哲学黄金时代，那时，哲学确实称得上柏拉图口中的“那珍贵的喜悦”；那时，审慎追求难以捉摸的真理远比追求肉欲低俗的生存方式荣耀得多。人类社会早期追求智慧的努力留给后来者某种永不消逝的渴慕。(杜兰特，2013：9)

这一段出自该书绪论的首段。作者文笔生动、活泼幽默、学养深厚，直接点出哲学的乐趣。两个译文虽然翻译方法不一样，梁春译本偏向于直译，比如保留“生命之夏”，蒋剑峰、张程程译本偏向于意译，比如省去“生命之夏”，但行文都很流畅，句式长短相间，繁简搭配，能够吸引读者读下去。

（2）Liberty contends with Evolution for priority in Spencer's affections; and Liberty wins. He thinks that as war decreases, the control of the individual by the state loses most of its excuse; and in a condition of permanent peace the state would be reduced within Jeffersonian bounds, acting only to prevent breaches of equal freedom. (Durant, 2006: 506-507)

梁译：在斯宾塞的心中，"自由"与"进化"孰轻孰重，是经过一番较量的，结果"自由"取得了胜利。斯宾塞觉得，既然战争减少了，国家便丧失了控制个人自由的借口；在永久的和平状态中，国家的权力要局限在杰斐逊所主张的范围之内，其作用只是防止平等的权利遭到破坏。（杜兰特，2009：272）

蒋译：为了得到斯宾塞的青睐，"自由"与"进化"展开竞争，最后，"自由"取胜。斯宾塞认为，随着战争的减少，国家用以操纵个人的大部分借口便会失效，而在永久和平的情况下，国家的职权将被限制在杰弗逊主张的权力制约框架内，国家的唯一职能是为确保个人平等自由不受侵犯。（杜兰特，2013：306）

本段讲的是斯宾塞对"自由"与"进化"的态度，蒋译"为了得到斯宾塞的青睐，'自由'与'进化'展开竞争"似乎太拘泥于原文，意思表达得不够清晰，让人摸不着头脑。梁译没有保留原文的拟人句式，译文显得更加流畅，便于译文读者更好地理解。另外，梁译中漏译了段末的 freedom，与段首的 liberty 没有呼应。

2）由于中西哲学的概念、范畴的非对应性，译者应该选择恰当的语义对应

（3）The common cause of these obscurities is the relativity of all knowledge. "Thinking being relating, no thought can express more than relations... Intellect being framed simply by and for converse with phenomena, involves us in nonsense when we try to use it for anything beyond phenomena." And yet the relative and phenomenal imply by their names and natures something beyond them, something ultimate and absolute. "On watching our thoughts we see how impossible it is to get rid of the consciousness of an Actuality lying behind Appearances, and how from this impossibility results our indestructible belief in that Actuality." But what that Actuality is we cannot know. (Durant, 2006: 475)

梁译:造成这难题的共同原因是所有知识都具有相对性。"思考就是建立事物间的联系,任何思想都无法表达关系之外的东西。……智力受到现象的限制,并且只适合处理现象。如果试图用它去处理现象之外的事物,我们将陷入莫名其妙的境地。"相对"和"现象"就它们的名称和性质来说,暗示着它们背后存在某种终极、绝对的东西。"通过对思维的观察,我们就明白,要摆脱关于'表象'的背后隐藏着一个'实在'的认识是多么的不可能;由于这种不可能,我们对那个'实在'就有牢不可破的信念。"那"实在"到底是什么,我们无从知道。(杜兰特,2009: 255)

蒋译:知识的相关性是造成这些费解问题的共同原因。"思维是一种关联性活动。超越关联性的东西,思想是无法表达的……人类理性受现象束缚,理性的目的是与现象贯通。如果我们用理性去解释超越现象的东西,我们会发现自己其实是在胡说八道。"然而,从名称和性质来看,关联的东西和现象的东西均暗示着一些超越关联和现象的东西,一些终极的绝对的东西。"现实隐藏在现象背后,这个想法存在于我们的意识之中。如果我们细察自己的思想,就会发现,要摆脱这样的意识是一件不可能的事,但这种不可能使我们更坚信现实的存在。"至于什么是现实,我们一无所知。(杜兰特,2013: 287)

哲学概念是此类文本中的翻译难点。原文中 Actuality 和 Appearances 的大写形式说明是专有名词,梁译通过加引号的形式来体现,并且将 Appearances 翻译成"表象",与上文的 phenomena

（现象）区分开来，相比蒋译显得更加严谨，更具有思辨性。

6.4 《道德经》的重要术语英译

中国经典的译介是中外文化交流和文明对话的基础。中国道家思想的代表作是老子的《道德经》，全书共 81 章，是中国哲学史上第一部具有完整哲学体系和辩证思想的著作，至今已经有 500 多个译本。下文从韦利、罗慕士、辜正坤、许渊冲和吴千之五种不同的译文来探讨书中几个重要术语的英译。

表 1 《道德经》中出现的核心概念译文比较

		韦利	罗慕士	辜正坤	许渊冲	吴千之
道		Way/Tao	Way	Tao	divine law	Way/Dao
玄	玄	mystery	dark recess	profound	essence	profound
	玄鉴/玄览	vison of the mystery	the eye within	distracting thoughts	metal mirror	mysterious mirror
	玄牝	mysterious female	dark world womb	deep womb	mysterious womb	profound female
自然	我自然	If happened of its own accord.	This was no one's doing but our own.	It should have happened to us like this.	All is natural.	We did it.
	道法自然	The ways of Tao, by the Self-so.	And the moving Way is following./The self-momentum of all becoming	Tao takes what is natural as its model.	The divine law follows nature.	Dao follows its own ways.
德		power	power/virtue	Teh (virtue)	virtue/the human law	De/virtue

（续表）

	韦利	罗慕士	辜正坤	许渊冲	吴千之
阴阳	the shade/ the sun	Ying/Yang	Yin/Yang	bright/dark	Yin/Yang
无为	Actionless activity/ Inactivity	Undone/ Under-acting	inaction	no interference	non-doing
天下	every one/all things/What is under heaven/ The empire	the world below	the empire	the world	the world
有无	Being/ Not-being	present/absent; what is/what is not; becoming/ negation	Existence and Nothingness/ Being and Nothingness	form/ formless	Being/ Non-being
柔弱	soft and weak/ the soft and the yielding	tender, gentle	the supple and weak	the soft and weak	the soft and weak

中国哲学有自己的一套概念体系。这些术语在西方语言中找不到完全对应的表达。从表 1 的译文比较可以看出，不同译者对这些核心词采用了不同的翻译策略，有的采用了拼音，有的采用了意译，有的在不同的语境中采用了不同的译法。究其原因，我们将通过具体的译文做进一步的研究。下文具体分析“道”“玄”和“自然”。

1)“道”的翻译

道可道，非常道。名可名，非常名。（第一章）

韦译：The Way that can be told of is not an Unvarying Way; The names that can be named are not unvarying names. (Laozi, 1999: 3)

罗译：The Way as "way" bespeaks no common lasting Way, The name as "name" no common lasting name.（Laozi, 2001：27）

辜译：The Tao that can be expressed in words, is not the true and eternal Tao：the name that can be uttered in words is not the true and eternal name.（老子,2008：59）

许译：The divine law may be spoken of, but it is not the common law.（Truth can be known, but it may not be the well-known truth or Truth can be known, but it may not be the truth you known.）Things may be named, but names are not the things.（老子,2013：13）

吴译：Ways may be spoken of as *dao*, but they are not the eternal *Dao*; Names may be cited as names, but they are not the eternal name.（老子,2013：2）

《道德经》的第一章里,老子提出了"道"的概念,是其思想体系的核心。"道"的翻译有多种,国外译者,如韦译和罗译,采用《圣经》里的 the Way,出自 John 14：6；I am the way, and the truth, and the life。西方哲学 the Way 的前提是 God 存在,和"道"的意义不能等同。罗慕士在本章的阐释里使用了 Dao,解释为"道"是所有生命的源泉,与它创造的万物并列(Roberts, 2001：27)。

国内译者多采用音译,早先采用罗马化 wade-giles 拼成 Tao,后来按照现代拼音拼写成 Dao。辜正坤加注解释 Tao,汉语拼音是 Dao,常常被译为 logos、way、path 和 road(2008:59),第九章最后一行"天之道也"译为 the true way of Heaven (2008:81)。吴千之采用了综合的译法。他解释为,三个道中第一个处理成 ways,指解决社会问题的各种方法;第二个翻译成小写的 dao,表示"道"的动词含义;第三个采用大写的 Dao,表示"永恒的道"(2013:3)。

除此之外,还有其他的译法,比如许译 the divine law。许渊冲认为,要将"道"译为现代人理解的词语,才能使老子的思想在全世界传播。"道"指的是"天道、道理、真理和自然规律"(2013:101)。

目前,"道"译为 Dao 或 Tao,再加上适当的解释,在西方世界已经被广为接受,能把原文的原汁原味传递给国外读者。

2)"玄"的翻译

此处仅列举韦利和罗慕士的译本来说明副文本的作用。

此两者、同出而异名,同谓之玄。玄之又玄,众妙之门。(第一章)

韦译:

These two things issued from the same mould, but nevertheless are different in name.

This "same mound" we can but call the Mystery,

Or rather the "Darker than any Mystery",

The doorway whence issued all Secret Essences. (Laozi, 1999: 3)

《大中华文库》的编者为了帮助读者理解,在文后的比较性注释中提到了其他的译文:Paul Lin 的翻译是 more mystical than the most mystical,而 Roberts Henricks 的译文是 even more profound than the profound (Laozi, 1999: 262)。

罗译:

Forth together come the two
As one and the same
But differ in name
As one, a dark recess
That probed recedes
Past that portal whence
The milling seed germs teem. (Laozi, 2001: 27)

"玄"字具有多义性,罗慕士在本章的评论中先采用拼音 *xuan*,

然后在括号里列出了该词的解释 mysterious, unseen, withdrawn, deep and dark as heaven at night, sublime; as a verb: to explore a recess。罗译本的特点在于译注丰富,在该章节的评论中还提到了文中出现的其他关键词,保存了原语的歧义,促进了读者对该儒家经典的理解。

> This stanza introduces most of the key terms that recur throughout the work: *you* (what is present, manifest, becoming; as a verb: to have), *wu* (what is absent, unmanifest, negation; as a verb: to not have), *tong* (as one, unity), *liang* (two, dual), *Dao* (Way, driving force, common path), *ming* (name, definition), *xuan* (mysterious, unseen, withdrawn, deep and dark as heaven at night, sublime; as a verb: to explore a recess), *wanwu* (*wan*, ten thousand, myriad; *wu*, figured things, visibilium omnium), and *chang* (common, lasting, regularly recurring, ever-present). Judging from both the text found at Mawangdui (the earliest complete text of the Laozi found so far) and the partial Guodian text, the term *chang* in this stanza was originally *heng*, a synonym of *chang*. *Heng* is also the name of a hexagram in the *Yijing*, or *The Book of Changes*, where it stands for renewal after return to the origin, hence, circular movement. (Laozi, 2001: 28-29)

3)"自然"的翻译

百姓皆谓"我自然"。(第十七章)

韦利: Throughout the country everyone says, "It happened of its own accord." (Laozi, 1999: 35)

罗译: The hundred families all declared, "This was no one's doing but our own." (Laozi, 2001: 66)

辜译：It should have happened to us like this.（老子，2008：107）

许译：People say all is natural.（老子，2013：29）

吴译：Everyone says "We did it".（老子，2013：41）

道法自然（第二十五章）

韦译：The ways of Tao，by the Self-so.（Laozi，1999：51）

罗译：And the moving Way is following./The self-momentum of all becoming（Laozi，2001：82）

辜译：Tao takes what is natural as its model.（老子，2008：133）

许译：The divine law follows nature.（老子，2013：37）

吴译：Dao follows its own ways.（老子，2013：60）

翻译的时候切忌望文生义。"自然"可能包含自然界的规律，但并不一定是"大自然"。"我自然"指的是"百姓"认为他们的"事功"是他们自己造就的。译文用人称或物称作主语，都能达意。在后一个例子中，老子在第二十五章中写道："人法地，地法天，天法道，道法自然。"揭示了"人""地""天""道"和"自然"的关系，"道"是万物的本源。然而，"道法自然"并没有一个确切的解释。译者在翻译或阐释时结合了自己的哲学观点。"道法自然"常见的解释有"道自己如此"，见韦和吴的译文，或是指遵从事物发展的自身趋势，见罗和辜的译文。吴千之则认为，Dao follows its own nature，把道看作跟随自然，这并不符合道家的精神（老子，2013：61）。

通过以上分析，我们可以得出中国哲学重要概念的英译通常遵循以下原则：

（1）准确理解与传递重要概念的思想文化内涵；

（2）根据具体语境，可以采用不同的表达方法；

（3）译入语中无对等表达时，可以采取音译，并进行注解；

（4）借助副文本（比如前言、尾注）提供助读，加深读者对典籍的理解；

（5）在参考前人翻译成果的基础上进行创新翻译。

翻译练习

(1)

On Spontaneity: Zhuangzi and a World of Transformation

> Zhuangzi dreamed once that he was a butterfly. A joyous butterfly, doing as he chose. He did not even know there was a Zhuangzi. Suddenly, he awoke and then be seemed to be Zhuangzi. Yet he could not tell if he was Zhuangzi dreaming of being a butterfly, or a butterfly dreaming of being Zhuangzi. Still, there must be a distinction between Zhuangzi and a butterfly. This is called "the transformation of things".

In the famous story of the butterfly, Zhuangzi, a Chinese philosopher from the late fourth century BC, wants to break us from our usual way of seeing the world. We all wear blinders that prevent us from fully experiencing and engaging with the world, and Zhuangzi argues that the greatest of these is our limited human perspective. What if you were not merely a human being but were actually a butterfly dreaming you are a human being? If we could transcend our humanity and know what it means to see the world from all perspectives, we could experience life more fully and spontaneously.

We already know how it feels to experience the world fully and spontaneously. It happens when we experience "flow": the state in which we become so immersed in an activity that we lost ourselves in the joy of what we are doing, whether we are playing soccer, painting a picture, or reading a book. But we tend to think of these moments in the zone as circumscribed ones, reserved for certain activities. We tend to think of flow as something that happens in specific moments when the right conditions align just so.

We tend to not think it's possible to train ourselves to feel that same sort of spontaneous excitement about everything in our lives. But Zhuangzi saw things very differently. He taught that if we could learn to see the world from all perspectives and understand the transformation of things, we would gain a deeper understanding of everything in the cosmos. As we began to break out of the way we typically experience reality, we would learn what it meant to feel spontaneity every moment of our everyday, ordinary lives.

（选自 *The Path: A New Way to Think About Everything*）

(2)

I shall then suppose, not that God who is supremely good and the fountain of truth, but some evil genius not less powerful than deceitful, has employed his whole energies in deceiving me; I shall consider that the heavens, the earth, colours, figures, sound, and all other external things are nought but the illusions and dreams of which this genius has availed himself in order to lay traps for my credulity; I shall consider myself as having no hands, no eyes, no flesh, no blood, nor any senses, yet falsely believing myself to possess all these things; I shall remain obstinately attached to this idea, and if by this means it is not in my power to arrive at the knowledge of any truth, I may at least do what is in my power (i.e. suspend my judgment), and with firm purpose avoid giving credence to any false thing, or being imposed upon by this arch deceiver, however powerful and deceptive he may be. But this task is a laborious one, and insensibly a certain lassitude leads me into the course of my ordinary life. And just as a captive who in sleep enjoys an imaginary liberty, when he begins to suspect that his liberty is but a dream, fears to awaken, and conspires with these agreeable illusions that the deception may be prolonged, so insensibly of my own accord I fall back into my former opinions, and I dread awakening from this slumber, lest the laborious wakefulness which would follow the tranquility of this repose should have to be spent not in daylight, but in the excessive darkness of the difficulties which have just been discussed.

(选自《汉英对照西方哲学名篇选读》)

(3)

The Schoolmen

The culture of Western Europe was largely held together by the Church in the Dark Ages and the Middle Ages. Learned clerics and monks absorbed Greek philosophy and saw this as a rational foundation upon which to build, only correcting it when it seemed to contradict the teaching of Scripture. Aristotle (384—322 BCE) was the Great Doctor, and his views were the foundation of Scholastic thought. The Scholastics, or the Schoolmen, followed Aristotle and others in setting out a compendium of knowledge that saw itself as total and final, or as much as human beings could grasp with their reason. This process was begun by learned pagan converts in late Roman times, such as St Augustine of Hippo (354—430), but the most influential of the Schoolmen was St Thomas Aquinas (1225—1274). This Dominican friar and theologian wrote copiously and fixed Aristotelian concepts into Church life like cement. If God had given us the gift of reason, then genuine reason could not go against the tenets of the faith; if it did, then faith came first. Many of Aristotle's explanations of why things work the way they do are not explanations in the modern sense. Objects fall because they have a built-in propensity to do so, for example, or a magnet has a propensity to attract iron. But why? The Schoolmen would reply, 'Because that is how

God made them'.

All that could be revealed to human reason had been revealed—it was a closed system. New ideas had to be sneaky. They had to claim that they were implied in earlier texts, so that commentaries on old works became a suitable cover for new ideas. The problem was that with a powerful (and often corrupt) Church, freethinkers could find themselves in trouble with groups such as the Inquisition. Some were daring to think more freely, and science was being born as a discipline with a method of observation and experimentation. People were prepared to go out and look at things rather than rely on old texts. The sixteenth and seventeenth centuries were to be a time of challenge, with the shaking of established thought and authority.

(选自 *Descartes*)

(4)

子贡曰:"如有博施于民而能济众,何如?可谓仁乎?"子曰:"何事于仁,必也圣乎!尧舜其犹病诸!夫仁者,己欲立而立人,己欲达而达人。能近取譬,可谓仁之方也已。"

(选自《论语》)

(5)

中国哲学的源头之一可以说是《周易》,在 1993 年于湖北荆门出土的"楚简"有一段非常重要的记载:

礼,交之行述也。

乐,或生或教者也。

书,口口口口者也。

诗,所以会古今之诗是也,

易,所以会天道、人道也。

春秋,所以会古今之事也。

这些竹简大概是在公元前 300 年前写的东西。从这个记载看,"易,所以会天道、人道也,"是说《周易》是研究天道(天的规律)和人道(人类社会的秩序)会通道理的书。这就是说,在中国古代很早就注意到，研究“天”不能不牵涉到“人”，研究“人”也不能不牵涉到“天”，这就是“天人合一”思想。其实在《论语》中也已经透露出这一消息，子贡说：“夫子之言性与天道，不可得而闻也。”子贡虽然没有听到过孔子讲“性与天道”的言论，但他把这个问题提出来就说明当时人对“人性”（人）与“天道”（天）的关系问题十分关注。从人类社会的发展上看，人们最初遇到的问题就是“人”与“自然界”（天）的关系问题，因为人要生存就离不开“自然界”。所以在中国古代一直都在关注“天人关系”问题。

当然对如何处理和看待“天人关系”自古就有各种不同的看法：有的学者主张应顺应自然；有的学者认为应利用“天”来为人服务，“制天命而用之”；有的主张“天人交相胜”等。但儒家思想的主流多主张“天人合一”。所谓“天人合一”是说“天”离不开“人”，“人”也离不开“天”。

（选自《儒释道耶与中国文化：汉英对照》）

第七章　建筑文化与翻译

7.1　中西建筑文化比较

建筑是人类物质文明和精神文明的产物。建筑的发展深刻地体现了人类社会文明的演进、历史的变迁。建筑的风格深刻地体现了一个地区或民族的文化印迹和浓厚的人文精神。中西建筑文化在建筑形制、建筑理念、建筑结构和审美观念等方面存在显著的差异。

中国的建筑形制从古到今,比较稳定,很少变化。史前我国就有两种风格不同的居所,即北方的“穴居”和南方的“巢居”,从殷商到秦汉,我国古代建筑类型趋于稳定,后来各朝在此基础上进行改进。西方建筑风格多变,多姿多彩,从古希腊、古罗马、罗马式、哥特式、文艺复兴、巴洛克、洛可可、古典主义、浪漫主义,风格迥异,个性化鲜明。

中国传统建筑主要以木头为主要材料,采用框架式结构,而西方传统建筑材料主要是石头,采用柱式结构。古代西方人敬畏上帝和神灵,重视建筑艺术美的永恒性,将建筑看作是人类所能创造的最宏大、最坚固的艺术品,建起神庙和祭台(刘天华,1993)。而中国先人宗教意识淡薄,主要建筑大多是宫殿,供活着的君主居住。建筑也如其他用品一样,需要更新换代,石材不是中国建筑的主要材料。

我国建筑大师梁思成(1998:13-15)认为中国的建筑特征有:

(1)以木料为主要构材;
(2)历用构架制之结构原则;
(3)以斗拱为结构之关键,并为度量单位;

(4)外部轮廓之特异。

中国建筑的理念是人本主义,讲究实用,具有温和、平缓、轻捷等特征,表现的是入世的生活气息。西方建筑风格是神本主义,崇拜神灵,具有冷硬、敦实、突兀、玄妙等特征(袁成,曹诗图,2004: 37)。

从建筑结构上看,中国传统建筑为封闭性的群体组合,空间上横向扩展,讲究中轴对称,追求纵深效果,呈现出一种整体美,比如皇家宫殿和四合院。北京故宫是世界上现存最大的宫殿建筑群。而西方传统建筑多注重单体的建筑艺术效果,空间上垂直扩展,体现出个性的张扬和独立,意大利的比萨斜塔和万神庙,以及法国的巴黎圣母院等都是典型的代表。

从审美上看,西方重视建筑的静态美,讲究整体与局部, 以及局部之间的比例、均衡、韵律,扩大主客体的心理距离,让人产生崇敬的心理。中国则重视建筑的动态美,秉承天人合一的理念,强调在建筑环境中步移景换、曲径通幽的空间感受(谈炳和,2007:46)。

7.2 《建筑的古典语言》中 order 的汉译

《建筑的古典语言》一书是英国建筑史学家约翰·萨莫森(John Summerson)的成名作。他是当代最伟大的英国建筑史学家之一。该书强调西方古典建筑有其特定的建筑语言,这种语言由建筑本身来体现,并且因时代而异。本书视角独特,语言叙述简练,见解精辟,译文亦佳,是非常优秀的古典建筑入门读物。

> Nevertheless, embedded in the history of classical architecture is a series of statements about the essentials of architecture and these are in agreement over a long period, to the extent that we may say that the aim of classical architecture has always been to achieve a demonstrable harmony of parts. Such harmony has been felt to rise in the buildings of antiquity and to be to a great extent "built in" to the principle antique

elements—especially to the five "orders" to which we shall come presently.

… …

One thing at a time. First, what are the orders? One page 126 you will find a very clear diagram of the Doric order. It consists, you see, of a temple column standing on a pedestal and carrying on its head the architrave, frieze and cornice, those elements which are collectively called the entablature. Then, in plates 1—4 you see the Doric order again, with its four companions; it is the second from the left, with the Tuscan to the left, the Ionic, Corinthian and Composite to the right. An "order" is the "column-and-superstructure" unit of a temple colonnade. It does not have to have a pedestal and often does not. It does have to have an entablature (columns are meaningless unless they support something), and the cornices represent the eaves.

尽管如此，在古典建筑史上还是有一系列关于建筑基本要素[essentials]的陈述，它们在相当长的时间内受到一致公认。以至我们在某种程度上可以说，古典建筑的目的是要达到并展现出各部分之间的和谐。我们能够感到这种和谐存在于古典文化时代的建筑中，而且在很大程度上“内置于”主要的古典成分之中，特别是在下面随之要提到的五种“柱式”里。

…………

让我一步一步来解释。首先什么是柱式？你们可以看到一张非常清楚的多立克[Doric]柱式图（图 126），整个柱式是神庙的一根柱子立底座上，支撑着柱顶端的下楣、中楣、上楣，柱顶上的这三个部分合称柱上楣构。在图 1 至图 4 中你也能看到多立克柱式与它的四个伙伴排在一起，它是左起第二，它的左边是托斯卡纳[Tuscan]柱式，右边依次是爱奥尼亚[Ionic]柱式、科林斯[Corinthian]柱式和混合[Composite]柱式。柱式是神庙柱廊的“柱子和上部结构”的组合，不是非得要有底座的，而且经常是没有底座，但它一定有柱上楣构[entablature]（柱子只有支撑构件时才起作用），上楣代表屋檐。

order一词是西方建筑的核心词汇，是一个集合概念，不能与下文的column混淆。想要完整理解中文之中的某些从西方翻译来的概念，可以先追溯希腊或拉丁语的词源。西方学者在翻译《建筑十书》时，一般都将维特鲁威用来对各种圆柱风格进行分类的拉丁词genus译为英文order。中国学者主要通过英文版了解维特鲁威，所以便顺理成章地将order译成了“柱式”。这个翻译问题是由芝加哥大学的罗兰教授（Rowland）提出来的，她在自己的维特鲁威英译本（剑桥大学出版社1999年出版）中首次将genus译为type，并指出应尽量使用维特鲁威自己的语言，避免将他的用语与现代建筑学术语相混淆（陈平，2015：137）。

《建筑的古典语言》的原文用了order，因此该书的译者也不例外，将该词翻译成“柱式”，在首次出现时用引号标记。五大柱式的翻译都采用了音译后保留原文的方式。译者在译后记中写道，建筑译名参照中国大百科全书出版社出版的《简明大不列颠百科全书》的译法，建筑术语参照中国建筑工业出版社出版的《日英汉建筑工程词汇》的译法（萨莫森，2018：164）。另外译著为了方便读者的阅读，还进行了一些排版上的改变（ibid.：168）。

该书1964年的英文原版和1980年的重定增补版都将书中使用的图版以专题形式在每章的结尾统一编排，文中插图只在每页边缘的相应位置注出插图的序号。初译本完全遵照原著对此未做改动。图版以专题的形式呈现，自成体系。然而参照阅读，来回翻阅多有不便。这次重译本试图在保留原著专题介绍的基础上，将图版直接插入文中，并尽量与文字吻合，不过个别地方有所跳跃也是在所难免的。另外，本书索引也直接与重译本的页码相对应，而非参照原著的页码，这样做便于读者检索。所有这些尝试都是为了方便读者阅读。

梁思成在《为什么研究中国建筑》一书中介绍中国的斗拱时，用了一张图示，图中借用了order一词，没有翻译，直接保留了原文“中国建筑之 order”(梁思成,2011:9)。另外,他对详细的构建都采用了音译。

简而言之,译者要十分熟悉西方建筑的术语,采用约定俗成的译法,适当地保留原文,可以用引号标记汉译的专有名词。

7.3　中国古典建筑的英译

1)《公共服务领域英文译写规范》中建筑名称的翻译

2017 年发布的国家标准《公共服务领域英文译写规范》,规定了公共服务领域的相关术语和定义、翻译方法和要求、书写要求等。我国旅游文本中常见的建筑物名称可以参见该规范的第 3 部分:旅游。其中规定的翻译方法和要求如下:

> 寺、庙应区分不同的情况,采用不同的译法:佛教的寺,以及城隍庙、太庙等译作 Temple;清真寺译作 Mosque。
>
> 道教的宫、观译作 Daoist Temple,在特指某一宫、观时,Daoist 也可以省略,如永乐宫 Yongle Temple,玄妙观 Xuanmiao Temple。
>
> 塔应区分不同的情况,采用不同的译法:佛塔译作 Pagoda;舍利塔译作 Stupa 或 Dagoba;其他的塔译作 Tower,如广播电视塔译作 Radio and TV Tower。
>
> 亭、台、楼、阁、榭、阙等与专名一起使用汉语拼音拼写。根据对外服务的需要,可以后加英文予以解释。

下表为附录中列举的具体景点的英文译法,这里只呈现与建筑有关的部分:

序号	中文(寺庙观堂)	英文
1	宫〔皇宫〕;行宫	Palace
2	殿;堂	Hall

（续表）

序号	中文(寺庙观堂)	英文
3	教堂	Church 或 Cathedral
4	廊〔长廊〕	Corridor
5	陵；墓	Tomb 或 Mausoleum
6	陵园；墓园	Cemetery
7	庙；寺〔佛教〕	Temple
8	宫；观〔道教〕	Daoist Temple
9	清真寺	Mosque
10	庵	Nunnery
11	祠〔纪念性〕	Memorial Temple
12	宗祠	Ancestral Temple 或 Clan Temple
13	牌坊；牌楼	Memorial Gate 或 Memorial Archway
14	楼；塔楼；阁	Tower
15	塔	Pagoda〔佛塔〕；Stupa 或 Dagoba〔舍利塔〕

2)《红楼梦》中建筑的翻译

《红楼梦》的大观园是红楼人物活动的舞台，最能体现中国古典园林的建筑文化。大观园的园林设计手法对于以后的园林建造产生了深远的影响。《红楼梦》中的亭、台、楼、阁、轩、舫、榭等都是古典建筑的建筑形态。在翻译各类园林建筑时，杨宪益和戴乃迭译本与霍克斯译本，采取了不同的翻译策略。

建筑物	霍克斯译文	杨宪益、戴乃迭译文
大观园	Prospect Garden	the Grand View Garden
潇湘馆	The Naiad's House	Bamboo Lodge

（续表）

建筑物	霍克斯译文	杨宪益、戴乃迭译文
怡红院	The House of Green Delights	Happy Red Court
嘉荫堂	Prospect Hall	the Hall of Auspicious Shade
地藏庵	Convent of the Saviour King	Ksitigarbha Nunnery
栊翠庵	Green Bower Hermitage	Green Lattice Nunnery
登仙阁	Ascension Pavilion	Pavilion of Attained Immortality
蘅芜苑	All-Spice Court	Alpinia Park
浣山庄	Washbrook Farm	Hemp-Washing Cottage
丛绿堂	The Bosky Verdure Pavilion	the Hall of Green Shrubs
蓼风轩	The Smartweed Loggia	Smartweed Breeze Cot
藕香榭	The Lotus Pavilion	Lotus Fragrance Anchorage
紫菱洲	Amaryllis Eyot	Purple Caltrop Isle
荇叶渚	Duckweed Island	Watercress Isle
稻香村	Sweet-Rice Village	Paddy-Sweet Cottage

杨译本多采取直译法，保留源语文本的特色。霍译本大多译出联想意义或将源语中的文化意象改写成目的语中的意象，以符合译入语读者的阅读习惯。

以“怡红院”为例，杨译本译为 Happy Red Court，保留了“红”的寓意，而霍译本考虑到中西方文化中色彩词的差异，采用归化策略，译为 The House of Green Delights，将西方文化中象征着暴力和血腥的“红”转化成带有青春活力的“绿”，有利于英语读者接受，但在一定程度上丢失了原著由“红”营造出的韵味。

原文：只见佳木茏葱，奇花闪烁，一带清流，从花木深处曲折泻于石隙之下。再进数步，渐向北边，平坦宽豁，两边飞楼插空，雕甍绣槛，皆隐于山坳树杪之间。俯而视之，则清溪泻雪，石磴穿云，白石为栏，环抱池沿，石桥三港，兽面衔吐。（曹雪芹，1999：436）

杨译：They walked on through a tunnel into a ravine green with magnificent trees and ablaze with rare flowers. A clear stream welling up where the trees were thickest wound its way through clefts in the rocks. Some paces further north, on both sides of a level clearing, rose towering pavilions whose carved rafters and splendid balustrades were half hidden by the trees on the slopes. Looking downwards, they saw a crystal stream cascading as white as snow and stone steps going down through the mist to a pool. This was enclosed by marble balustrades and spanned by a stone bridge ornamented with the heads of beasts with gaping jaws.（曹雪芹，1999：437）

霍译：As he spoke, they passed through a tunnel of rock in the mountain's shoulder into an artificial ravine ablaze with the van-colored flowers and foliage of many varieties of tree and shrub which grew there in great profusion. Down below, where the trees were thickest, a clear stream gushed between the rocks. After they had advanced a few paces in a somewhat northerly direction, the ravine broadened into a little flat-bottomed valley and the stream widened out to form a pool. Gaily painted and carved pavilions rose from the slopes on either side, their lower halves concealed amidst the trees, their tops reaching into the blue. In the midst of the prospect below them was a handsome bridge.（Cao，1973：329）

原文彰显的是中国园林建筑步移景换的特点。对比两个译本，杨译本仍是更倾向于保留《红楼梦》一书中的建筑特色，采用异化策略，尽量再现原文所展现的景致，实现源语文化信息的传递和移植，达到文化交流与传播的效果。而霍译本多从译入语读者接受的角度出发，注重译文的可读性，采取部分省译的方法，删掉细节，原文中的"石桥三港，兽面衔吐"被概括翻译成 a handsome bridge，使得建筑文化的信息打了折扣。

3）故宫建筑名称英译

北京故宫是中国明清两代的皇家宫殿，旧称紫禁城，位于北京中轴线的中心，是世界上最壮观最雄伟的宫殿之一，以太和殿、中和殿和保和殿三大殿为中心，占地 72 万平方米。故宫博物院网站上的建筑名称翻译①提供了很好的范例。

(1)景点名称采用直译加拼音的形式，门、殿、宫、阁、轩、馆、亭、斋等有规范译名

景点	译文
午门	Meridian Gate（*Wu men*）
神武门	Gate of Loyal Obedience（*Shenwu men*）
西华门	West Prosperity Gate（*Xihua men*）
太和殿	Hall of Supreme Harmony（*Taihe dian*）
中和殿	Hall of Central Harmony（*Zhonghe dian*）
保和殿	Hall of Preserving Harmony（*Baohe dian*）
养心殿	Hall of Mental Cultivation（*Yangxin dian*）
太极殿	Hall of the Supreme Principle（*Taiji dian*）
交泰殿	Hall of Union（*Jiaotai dian*）
乾清宫	Palace of Heavenly Purity（*Qianqing gong*）
坤宁宫	Palace of Earthly Tranquility（*Kunning gong*）
寿康宫	Palace of Longevity and Health（*Shoukang gong*）
长春宫	Palace of Eternal Spring（*Changchun gong*）

① https://www.dpm.org.cn/Home.html

（续表）

景点	译文
储秀宫	Palace of Gathered Elegance（*Chuxiu gong*）
慈宁宫花园	Garden of Compassion and Tranquility（*Cining gong huayuan*）
体仁阁	Belvedere of Embodying Benevolence（*Tiren ge*）
绛雪轩	Bower of Crimson Snow（*Jiangxue xuan*）
养性斋	Lodge of Spiritual Cultivation（*Yangxing zhai*）
翠云馆	Hall of Halcyon Clouds（*Cuiyun guan*）
万春亭	Pavilion of Myriad Springtimes（*Wanchun ting*）

（2）语篇中适当增加了背景介绍

故宫博物院英文网站浏览量最多的景点是"景祺阁"，下文选取了该景点的中英文对照语篇。

景祺阁①	Belvedere of Auspicious Fortune②（*Jingqi ge*）
景祺阁位于内廷外东路、宁寿宫中路北端。清乾隆三十六年（1771年）建，嘉庆七年（1802年）和光绪十七年（1891年）加以修缮。	The Belvedere of Auspicious Fortune（*Jingqi ge*）is located in the Forbidden City along the outer eastern corridor of the Inner Court on the north end of the central passageway of the Palace of Tranquil Longevity（*Ningshou gong*）. Built in the thirty-sixth year（1771）of the Qianlong reign（1736—1795） of the Qing dynasty （1644—1911），the structure was renovated in the seventh year（1802）of the Jiaqing reign（1796—1820） and the seventeenth year（1891）of the Guangxu reign（1875—1908）.

① https://img.dpm.org.cn/explore/building/236480.html

② https://en.dpm.org.cn/collections/architecture/architecture/2020-06-11/3192.html

（续表）

景祺阁为二层楼阁式建筑，面阔7间，进深3间，黄琉璃瓦歇山顶。底层四面出廊，前檐明间开门，接穿廊直抵颐和轩后檐，次间开槛窗，上为方格玻璃窗，下为玻璃屉方窗。室内西次间设小戏台，西梢间山墙辟小门与阁后小院相通；东次间内以隔扇分成小室数间，东梢间有楼梯通二层。一、二层之间设平座，寻杖栏杆施于二层擎檐柱间。二层前檐明间开步步锦槅扇门，裙板饰夔龙纹；次间、梢间均为步步锦支摘槛窗。东面明间开门，余皆为步步锦支摘槛窗。檐下原为金龙和玺彩画，光绪十七年(1891年)修缮时为迎合慈禧太后之喜好改为苏式彩画，现已恢复为乾隆时期原貌。	Comprising two stories, the belvedere is seven bays (*jian*) wide and three deep. The hip and gable roof is covered with yellow glazed tiles. The lower story is surrounded on four sides with verandas. Below the front eaves, the door opens to the main chamber. The connecting walkways lead to the back of the Bower of Well-Nourished Harmony (*Yihe xuan*). The side chambers have low walls topped with square windows fitted with glass. The western secondary chamber (*cijian*) has a small theatrical stage. The western end chamber (*shaojian*) has a small door in the gable that leads to the small rear courtyard. The eastern secondary chamber is subdivided with partitions while the eastern end chamber has a staircase leading to the upper story. Between the first and second stories is a balcony with balustrades between the columns of the second story. The main chamber of the second floor has multi-leaf doors with kui-dragon designs on the apron. The secondary and end chambers of the second story have elegant hinged windows atop low walls. The eastern side of the main chamber has a door and hinged windows atop low walls. The painted ornamentations below the eaves were originally in the gold-dragon seal style (*jinlong hexi*, the highest-ranking design) but were modified in the seventeenth year (1891) of the Guangxu reign to the dynamic Suzhou style of painted beam embellishments to please the Empress Dowager Cixi (1835—1908). Later conservation efforts restored the original look of the Qianlong period.

（续表）

景祺阁前西侧小院内有回廊与乾隆花园符望阁相通，东侧有敞厅3间，与景福宫相邻。紧贴景祺阁东侧有假山一座，山顶原有翠环亭，后于道光年间拆除。山顶平台与景祺阁二层之间飞架汉白玉小石桥一座，山下有洞名曰“云窦”。	The small courtyard on the west side of the belvedere has a covered walkway connecting to the Belvedere of Viewing Achievements (*Fuwang ge*, also translated as Belvedere of Fulfilled Aspirations) in the Qianlong Garden. The east side has an open hall with a width of three bays adjacent to the Palace of Great Blessings (*Jingfu gong*). Situated immediately next to the eastern side of the Belvedere of Auspicious Fortune is an artificial mountain of rockery originally crowned with the Jade Ring Pavilion, which was demolished during the Daoguang reign (1821—1850). The platform atop the mountain connects to the second floor of the belvedere by way of a small white stone bridge. Within the mountain is a small artificial cave called the Cloud Hollow (*Yun dou*).
景祺阁后小院内有房屋遗址，清末光绪皇帝之珍妃曾幽禁于此，小院西墙外即为珍妃井。	The small courtyard behind the Belvedere of Auspicious Fortune has architectural ruins, which are the remains of where the Guangxu Emperor's Consort Zhen (1876—1900) was imprisoned towards the end of the Qing dynasty. Outside the west wall of the courtyard is the Well of Consort Zhen (*Zhenfei jing*).

相比其他景点删减较多的英译，景祺阁的英文介绍于2020年6月更新，中英文对应，反映出读者倾向于了解更多的信息。译文较原文年代背景介绍更加完整，例如，清代（1644—1911）、乾隆（1736—1795）、嘉庆（1796—1820）、光绪（1875—1908）和慈禧（1835—1908）。

建筑术语“间”同样采用英译 bay，括号里补充拼音 *jian* 的形式翻译。金龙和玺是古代宫殿建筑中的常见而重要的装饰手法，译为

gold-dragon seal style 后，括号里补充了拼音 *jinlong hexi*，并解释是彩画中等级最高的形式 the highest-ranking design。

翻译练习

(1)

The Emperor's Palaces, an enormous ensemble surrounded by a massive wall, called the Purple Forbidden City, are the nucleus around which the ire city of Peking was planned. The Forbidden City has within its enclosure numerous ensembles with a total of several hundred buildings, including halls of audience, offices for government administration, secretariats, living quarters for the emperor and his enormous family, living quarters for the army of courtiers and court ladies, kitchens, stables and other service quarters for the entire court. There are also in the precinct the emperor's private Buddhist chapel, libraries, art galleries and gardens. All these buildings for different purposes are arranged in numerous ensembles, each consisted of several courtyards. Almost every building is roofed with yellow glazed tiles. The walls are all painted red and the shaded portions under the eaves of the buildings are decorated with painted patterns in blue, green and gold. Halls and pavilions of importance, as a rule, are elevated on top of white marble terraces which are arranged into one or three tiers according to the importance of the building. Each ensemble in the Forbidden City is composed with one axis, and, as mentioned before, little attention is paid to the axes of adjacent ensembles.

(选自《为什么研究中国建筑:英汉对照》)

(2)

The Pantheon, Rome, Italy (AD 118—125); architect: anonymous, but worked under the direction of the Emperor Hadrian. The Pantheon was not a typical Roman temple, but was unique in its design, though it drew on traditional models. Its entrance front for example is not unusual in its conception though it is larger and more magnificent than an ordinary temple would have been. Like the Parthenon (Figure 7) it had eight columns across the front instead of the more usual six (octastyle instead of hexastyle). The entrance doorway itself is flanked by two niches that once held statues, and remarkably the ancient bronze doors that close off the interior are still in position. The interior is unexpected and spectacular: a circular domed space, with a great coffered ceiling, illuminated from a circular hole in the roof (the *oculus*) that has no covering. The dome is a triumph of Roman engineering achievement, built in concrete and covering a vast expanse. No dome larger than this would be built for well over a thousand years, when Brunelleschi's dome at the cathedral in Florence was made begun in 1420. Originally each coffer in the ceiling had a gilded rosette fixed in it, making the dome an image of the heavens. One way in which the building was unusual for a temple was in the elaboration of the interior, which suggests that the rituals that went on here would have made use of the internal space more than was usual. It was this aspect of the building that made it so readily adaptable into a church, which happened at an earl date, soon after the official adoption of Christianity in the Roman Empire, and which accounts for the buildings remarkable state of preservation. The gilded bronze tiles that once covered the roof were taken away to Constantinople (New Rome), the Christian capital founded in the east by Constantine, where treasures accumulated around the Byzantine court as the role of old Rome waned, and the city became depopulated during the Middle Ages.

(选自《建筑与文化》)

(3)

符望阁位于宁寿宫花园第四进院落,为该院的主体建筑。清乾隆三十七年(1772年)建,嘉庆七年(1802年)修,光绪十七年(1891年)重修。

符望阁在形制上模仿建福宫花园的延春阁。平面呈方形,外观两层,内实三层,四角攒尖顶。蓝色琉璃瓦件饰檐、脊,其余铺瓦黄色琉璃瓦。

符望阁的室内装修颇具特色,以各种不同类型的装修巧妙地分隔空间,穿门越槛之际,往往迷失方向,故俗有"迷楼"之称。室内装修制作精美,又以金、玉、珐琅等镶嵌装饰,琳琅满目,美不胜收。

乾隆年间,每年腊月二十一日,皇帝在此地赏饭给王公大臣。嘉庆皇帝也曾登临此阁,并有《咏符望阁》之诗咏。符望阁是宁寿宫花园中最高大的建筑,登临其上可一览紫禁城内外的秀色。

(选自故宫博物院网站)

(4)

于是出亭过池,一山一石,一花一木,莫不着意观览。忽抬头看见前面一带粉垣,里面数楹修舍,有千百竿翠竹遮映。众人都道:"好个所在!"于是大家进入,只见入门便是曲折游廊,阶下石子漫成甬路。上面小小两三间房舍,一明两暗,里面都是合着地步打就的床几椅案。从里间房内又得一小门,出去则是后院,有大株梨花兼着芭蕉。又有两间小小退步。后院墙下忽开一隙,得泉一派,开沟仅尺许,灌入墙内,绕阶缘屋至前院,盘旋竹下而出。

(选自《红楼梦》)

参考译文

第二章

(1)

乔那天上午的焦头烂额和惨痛经历简直是一言难尽，做的午餐也成了笑柄。因为不敢再去向梅格请教，她只能独自解决，发现做饭并没有她想的那么简单。她煮了一个小时的芦笋，笋头全都煮掉了，主茎也更难咬了。她把沙拉酱的味道调毁了，沮丧之下，任由面包烤煳了。大龙虾变成了神奇的猩红色，她捶开虾壳挑出来里面的肉，结果那小得可怜的肉落到莴苣叶堆里消失了。为了让芦笋早点下锅，土豆煮得有些匆忙，结果没有煮熟。牛奶冻成了一坨一坨，草莓被小贩做了手脚，看上去是熟透了，吃起来却酸掉了牙。

（方菁，方宪译）

(2)

那时候，他们对食物多不在意呀，真是惊人的浪费！面包卷、玉米松饼、饼干和蛋奶烘饼、滴着的黄油，一餐里全都有。餐桌的一头放着火腿，另一头放着炸鸡，一罐罐泛着油光、呈彩虹色的酒里满是羽衣甘蓝，光亮带花的磁盘里，蹦豆堆得像小山一样，炸南瓜、炖秋葵荚和胡萝卜浇上奶油汁，多得要用刀来切。还有三样甜点，这样每个人就可以挑着吃了，有巧克力多层蛋糕、香草牛奶冻和重油蛋糕，顶部都浇着甜甜的掼奶油。死亡和战争都没有使她流泪，但这些美味可口的饭食却有能耐使她热泪直流，有能耐把她一直疼痛的胃由饿得咕咕叫变成恶心想吐。

（李美华译）

(3)

Zhejiang Cuisine is represented by Shaoxing, Hangzhou and Ningbo Cuisines and developed through innovation. It uses lees as seasoning and stresses the cooking skills of stewing, braising, pot-roasting and so on. Ningbo is next to the Zhoushan Islands and has abundant marine life; so, Ningbo Cuisine uses local marine ingredients which taste a little salty. Hangzhou Cuisine is light and fresh, basically without spicy seasoning, thick oil and red sauce. The fragrant soft Dongpo Pork Elbow and the sour and sweet West Lake Fish are also famous. Vinegar Fish leaves a lingering taste.

（《美食译苑——中文菜单英文译法》）

(4)

When working people get off at lunch or supper, they'll head off to such places and lay down four coppers for a bowl of wine. (I'm talking about the way it was twenty odd years ago; by now it's probably gone up to ten.) Leaning against the counter, they'll sip the hot wine and relax. If a man's willing to part with another copper, he can even buy something to down the wine with—perhaps a saucer of bamboo shoots, or maybe some fennel-flavored beans. If he's got enough to lay down a dozen coppers or so, he can even get a meat dish. But most of the patrons at such places belong to the short jacket crowd and aren't as rich as all that. It's only members of the long-gown crowd, the gentry, who can afford to saunter into the room next to the bar, order a main course, some wine to go with it, and then sit down and linger over their cups.

（莱尔译）

第三章

(1)

纵然锦服玉食,生活奢靡,英国贵族对慈善事业却是一直兴致凿凿,几度热忱。如《蒂奇伯恩救济图》所示,蒂奇伯恩村的庄园领主正在为穷人分发面包。作品中,贵族服饰精致华贵,与平民百姓的着装形成鲜明的对比。

广场中央的男性中心人物,外穿素色外套,内着花纹繁复过膝长马甲,纽扣从颈部到下摆扣得严实,这是查理二世引领的诸多穿衣风尚之一。此外,该人物还佩戴着精致的蕾丝领巾和假发,这也是富裕阶层衣着打扮不可或缺的一部分。鞋子是高跟方头的。

他左侧的两位女士则体现了当时的女性时尚。紧身胸衣呈一字低胸露肩领,胸衣很长,下摆 V 字形,前胸以珠宝扣饰固定。泡泡袖恰至手肘,下裙在臀部蓬起打褶,前面中间曳地敞开,露出里面华美的衬裙。她们的紧身胸衣和裙摆连为一体,而贫民女性则分开穿戴,上下衣颜色也不同。裙子扬起——贵族女性裙长及脚趾,农妇裙长则及脚背。虽然女性仍着紧身胸衣,但总体风潮是追求自由。

(根据学生习作修改)

(2)

背心领口开得很低,露出白底粉红条子衬衫的浆硬的前胸,上面是雪白的高硬领,系着一条花样显眼的领带。上衣袖口露出一双和衬衫质地相同的亚麻布袖口,扣着很大的镀金袖纽,上面镶着叫作"猫儿眼"的黄玛瑙。手指上戴着好几个戒指,其中之一是永不走样的厚实的私章戒。背心的口袋外垂着一条精致的金表链,链上系着"麋鹿会"的内部徽章。整套衣服十分贴身,配上擦得锃亮的宽底黄褐色皮鞋,以及上述名为"吠陀拉"的灰色呢帽。

(裘柱常译)

(3)

More people arrive: coolies, government runners, a mother and her daughter. The mother is dressed in neat, freshly starched blue cotton; the girl's cheeks are rouged, her new finery fits none too well. They are off to watch the boatrace with friends in town. When all are aboard, Emerald starts across, her eyes on the girl who strikes her as thirteen or fourteen and a pampered creature who has never left her mother. Her freshly polished, pointed leather shoes are muddied. Her pants of purple and green have a fancy border. She returns Emerald's stare from eyes as bright as crystal, in which shy embarrassment and friendliness mingle. The mother asks Emerald her age. She laughs and counters by asking her daughter's age. Told it is thirteen, she smiles. The woman is obviously a rich landowner's wife. The girl, Emerald notices with a stab of envy, is wearing flashing bracelets of chased silver.

（戴乃迭译）

（4）

The year 1921 saw the advent of the long gown for women. This garment, the native costume of Manchu women, called even now the 'Banner Gown' in memory of the Eight Banners under which the Manchu hordes invaded China in the seventeenth century, had always run side by side unnoticed with the main current of Chinese fashions. It was stiff and masculine. Manchu ladies, when they first settled down in China, showed an inclination to switch over to the softer, more alluring Chinese jacket and trousers, but were severely reprimanded by imperial edicts. The sudden universal adoption of this tribal gown was not caused by a popular restoration movement but by women's desire to copy men. Women's clothes in China from time immemorial had been analogous to the 'blouse-and-skirt' institution, while men's clothes since the beginning of the Manchu Dynasty had no break at the waist. A he-man, when challenged, would strike his breast and protest that he was not one who 'wore clothes with two sections', that is, he was no woman. A small point perhaps, but women in the 1920s were supersensitive to immaterial differentiations of this sort. Having cheered themselves hoarse for the Western pamphleteers who championed the cause of their equality with men, they looked around at humiliating reality and, soured and angry, were driven to reject their very womanhood. A new wave of hardened feeling prevailed over the gushing girlishness of the early Republic. The first long gowns for women were angular and puritanical.

Idealism and dainty escapism could not forever maintain themselves in the face of repeated national disasters. The fashions now had a curt, tightened look. The long gown, first given wide sleeves, soon had long, narrow ones. In the 1930s the elbow-length sleeves were cylindrical, and so was the collar. The tall collar was revived, this time uglier than ever because it no longer cut diagonally across the jawbones as it had formerly been in order to give a heart-shaped effect to the face. It was now tubular, pressing the chin hard to make it double. No excuse could be made for such a collar except that it acted as an adequate expression of the intellectual sensuality of the Thirties—an upright, remote little head, the head of a goddess, perched on top of a voluptuous, free-flowing figure.

（张爱玲）

第四章

（1）

人类的各个时代

黄金时代，地球上最初有了居民。这是一个天真无邪和幸福的时代。真理和正义主宰一切，但不是靠法律的约束，也没有什么权贵的恫吓和惩处。人们不用耕种，一切生活必需全可仰给于大地。春天永在，不用种子，地里也长出鲜花来；河里流的是奶和酒，以及从橡树蒸馏而来的黄澄澄的蜜糖。

接下来的是逊于黄金时代的白银时代。朱庇特缩短了春天，把一年分为四季。于是人们首先尝到了酷暑严寒之苦，不得不找一个蔽身之所。要吃谷物就得耕作。这时的人类雄伟刚毅，但却骄横不虔。

白银时代之后就是青铜时代。人们的禀性更加粗野，动辄就要大兴干戈，但是还没有达到十恶不赦的地步。

最后到了最棘手和最糟糕的时代——黑铁时代。罪恶像洪水一样泛滥成灾，谦虚、真理和尊严逃得无影无踪。大地的赐予全被用去造孽。欺诈、暴力、对内对外的战争四处猖獗。

朱庇特见到这种情况怒不可遏。他召集众神商讨对策。在神祇大会上，朱庇特陈述了地球上不堪容忍的情况，并宣布了他要毁灭地上现有居民的意向，表示要另置新人。这种新人不同于现有的人，他们将更有生存的价值，对神祇也更加敬重。朱庇特唯恐用火烧会危及天宫本身，就决定用洪水淹没地球，转瞬间洪水就把地球上的人和他们的财物席卷而去。

在所有的山峰中唯有帕尔纳索斯没有被洪水的浪涛淹没，普罗米修斯的儿子丢卡利翁和他的妻子皮拉——埃庇米修斯的女儿——就躲到这个山峰上去。丢卡利翁为人正直，他的妻子则虔诚敬神。朱庇特怜惜他们夫妻一生清白，品行端正，就斥令洪水退去。这时丢卡利翁和皮拉走进了一个溅满了泥浆的神庙里，在香火未燃的祭坛前，他俩俯身在地祈求神祇的指引和帮助。神谕指出说："裹起头，松开衣带，出庙去，一路走一路将你们母亲的尸骨丢在身后。"这话使他们惊愕不已。皮拉首先打破了沉寂："我们不能照着这个神谕办事；我们不敢亵渎父母的尸骨。"他们躲进树林，苦苦思索着神谕的含义。最后丢卡利翁说："要不就是我发了昏，要不就是我们不犯逆忤罪也能执行神谕。大地是万物之母，石头就是她的尸骨，我们可以往身后扔石头，我想神谕说的就是这个意思。"他俩蒙住颜面，松开衣带，捡起石头朝身后扔去。这些石头开始变软，呈现出形状，渐渐地带上了略似于人的状貌。丢卡利翁扔的石头变成了男人，皮拉扔的则成了女人。

（李淑言译）

（2）

是什么药使我们健全、宁静、满足的呢？不是你我的曾祖父的，而是我们的大自然曾祖母的，全宇宙的蔬菜和植物的补品，她自己也靠它而永远年轻，活得比许多的老伴儿更长久，用他们的衰败的肥胖更增添了她的康健。不是那种江湖医生配方的用冥河水和死海海水混合的药水，装在有时我们看到过装瓶子用的那种浅长形黑色船状车子上的药瓶子里，那不是我的万灵妙药，还是让我来喝一口纯净的黎明空气。黎明的空气啊！如果人们不愿意在每日之源喝这泉水，那么，啊，我们必须把它们装在瓶子内，放在店里，卖给世上那些失去黎明预订券的人们。可是记着，它能冷藏在地窖下，一直保持到正午，但要在那以前很久就打开瓶塞，跟随曙光的脚步西行。我并不崇拜那健康之女神，她是爱斯库拉彼斯①这古老的草药医师的女儿，在纪念碑上，她一只手拿了一条蛇，另一只手拿了一个杯子，而蛇时常喝杯子中的水；我宁可崇拜朱庇特的执杯者希勃，这青春的女神，为诸神司酒行觞，她是朱诺②和野生莴苣的女儿，能使神仙和人返老还童。她也许是地球上出现过的最健康、最强壮、身体最好的少女，无论她到哪里，那里便成了春天。

注：①罗马神话中的医神。

②罗马神话中的天后，主神朱庇特的妻子。

（徐迟译）

（3）

Here is Mount Constantoffspring. This is where the Terrace of Common Work is situated. Bowmen do not dare to face in its direction. There is someone on this mountain wearing green clothes. Her name is Droughtghoul, daughter of the great god Yellow. The god Jest Much invented weapons. He attacked the great god Yellow. The great god Yellow then ordered Responding Dragon to do battle with Jest Much in the Wildness of Hopeisland. Responding Dragon hoarded up all the water. But the god Jest

Much asked the Lord of the Winds and the Leader of the Rains to let loose strong winds and heavy rain. So the great god Yellow sent down his sky daughter called Droughtghoul and the rain stopped. Then she killed Jest Much. Droughtghoul could not get back to the sky. The place where she lives on never has rain. The deity Reap Even spoke with the great god. Later, the great god installed Droughtghoul north of the River Scarlet. Then Reap Even became Forefather of the Fields. But from time to time Droughtghoul escapes from that place and people who try to drive her away voice this command: "Goddess, go north!" Then the former water courses that she had done away with are reopened and connected with the ditches and sluices.

（比勒尔译）

There is a person who wears green clothes named Drought-Fury, Daughter of the Yellow Thearch. When Chiyou fashioned weapons to war against the Yellow Thearch, the Yellow Thearch commanded Winged Dragon to attack him on the plain of Jizhou. Winged-Dragon accumulated water, but Chiyou asked the Lord of the Wind and the Master of Rain to unleash a great storm. The Yellow Thearch then sent down his divine daughter who was named Ba, and the rain ceased. Afterward, Chiyou was killed, but Draught-Fury was unable to ascend back to heaven. Wherever she dwells, there is no rain. Shujun reported this to the Supreme God, who then confined her north of the Red River with Shujun appointed as Ancestral-God of the fields. Ba occasionally escapes, and anyone who wishes to expel her should utter, "O goddess, get ye north!" Before doing so, clean out the water channels, and dredge the canals and irrigation ditches.

（石听泉译）

There is Mount Xikun and there is the Terrace of Gonggong. Bowmen dare not shoot arrows in the direction of the north. There is a woman who wears green clothes and is called Nuba of Emperor Huangdi. Chiyou once raised an army and attacked Emperor Huangdi. The emperor then ordered Yinglong to attack the army of Chiyou in the wilderness of Jizhou. As Yinglong hoarded up all the water, Chiyou then invited the God of Wind and the God of Rain to make a big rainstorm. Seeing this, Emperor Huangdi sent down Nuba from the sky to stop the rain. Nuba killed Chiyou, but she was unable to go back to heaven and the place she stayed always suffered from a drought. Shujun reported this to the God of Heaven, who then installed Nuba north of the Chishui River. Later Shujun was in charge of farming fields. Nuba always desired to run away. Those who tried to drive her away often shouted this command: "The goddess, go north!" Then water channels were reopened and connected with ditches.

(王宏译)

(4)

There was once a magic stone on the top of this mountain which was thirty-six feet five inches high and twenty-four feet round. It was thirty-six feet five inches high to correspond with the 365 degrees of the heavens, and twenty-four feet round to match the twenty-four divisions of the solar calendar. On top of it were nine apertures and eight holes, for the Nine Palaces and the Eight Trigrams. There were no trees around it to give shade, but magic fungus and orchids clung to its sides. Ever since Creation began it had been receiving the truth of Heaven, the beauty of Earth, the essence of the Sun and the splendour of the Moon; and as it had been influenced by them for so long it had miraculous powers. It developed a magic womb, which burst open one day to produce a stone egg about the size of a ball.

When the wind blew on this egg it turned into a stone monkey, complete with the five senses and four limbs. When the stone monkey had had learnt to crawl and walk, he bowed to each of the four quarters. As his eyes moved, two beams of golden light shot towards the Pole Star palace and startled the Supreme Heavenly Sage, the Greatly Compassionate Jade Emperor of the Azure Vault of Heaven, who was sitting surrounded by his immortal ministers on his throne in the Hall of Miraculous Mist in the Golden-gated Cloud Palace. When he saw the dazzling golden light he ordered Thousand-mile Eye and Wind-accompanying Ear to open the Southern gate of heaven and take a look. The two officers went out through the gate in obedience to the imperial command, and while one observed what was going on the other listened carefully. Soon afterwards they reported back: "In obedience to the Imperial Mandate your subjects observed and listened to the source of the golden light. We found that at the edge of the country of Aolai, which is east of the ocean belonging to the Eastern Continent of Superior Body, there is an island called the Mountain of Flowers and Fruit. A magic stone on the top of this mountain produced a magic egg, and when the wind blew on this egg it turned into a stone monkey which bowed to each of the four quarters. When he moved his eyes, golden light shot towards the Pole Star Palace; but now that he is eating and drinking, the golden light is gradually dying." In his benevolence and mercy the Jade Emperor said, "Creatures down below are born of the essence of heaven and earth: there is nothing remarkable about him."

(詹纳尔译)

第五章

(1)

Refined dancing and elegant singing

The banquet profound is overflowing with her songs.
Riding my bluish white horse, I am spurring in a haste.
Hit by Cupid's arrows, I could not sleep last night.
No beauty did ever enchant me to disguise,
Just to admire her charm and grace, overshadowing sun and moon.

(张之燕译)

(2)

Elegant songs and rosy faces,
Arises a fabled abode of immortals.
Brief candles burning out,
Sweet hours flying in wine cups.
Musical instruments of all kinds,
Strike melodies sonorous and harmonious.
As if spring flowers are competing for fragrance.
My fairy goddess outdid other splendors,
Each fold of her crepe silk dress radiating beauty and daintiness.

(张之燕译)

(3)

莎士比亚与宝莱坞,两种迥乎不同的文化——浮上云端的高雅与落入尘世的流行,看似风马不接,却又让人讶异于它们日渐地相得益彰。莎士比亚和宝莱坞无疑都是名属一类的文化宝库。莎士比亚,这位千禧诗人,他的世界性的艺术表现和作品在全世界洋溢其风采;而全世界最大的电影工厂宝莱坞,拥有遍布全球的观众且数量仍在不断增长——然而,两者同样存在分歧,需要逾越近乎难以跨越的语言和文化的差异之堑。

(张之燕译)

(4)

所以不仅仅是"莎士比亚"在其所有衍生品中让人愁肠百结和倍感挑战;"宝莱坞"也是如此,在印度国内外都有着剪不断理还乱的联系和似是而非的意义。因此,本书的作者力求发挥其用,裁书叙理。

在莎士比亚的挪用和驯化方面，他们研精究微、询谋谘度，既有宏观的理论和历史视角，又不乏对特定的印度莎士比亚电影的微观审视。

（张之燕译）

第六章

（1）

庄子与自然之道

昔者庄周梦为蝴蝶，栩栩然蝴蝶也，自喻适志与！不知周也。俄然觉，则蘧蘧然周也。不知周之梦为蝴蝶与，蝴蝶之梦为周与？周与蝴蝶，则必有分矣。此之谓“物化”。

在庄周梦蝶的故事里，公元前 4 世纪晚期的中国哲学家庄子希望打破我们通常看待世界的方式。我们都是一叶障目，无法完整地体验并参与到这个世界之中，而庄子认为最大的障碍就是人类自身视野的有限性。倘若你并不是一个人，而是一只梦见自己变成了人的蝴蝶呢？如果我们可以超越自己的人性，能够从所有视角去看待这个世界，那么我们就可以更充分、更自然地体验生命。

我们已经知道了充分而自然地体验世界的感受，当我们进行“心流体验”时就是这样。在心流体验的状态下，我们沉浸于某项活动的快乐之中——无论是踢足球、画画或是读书。但是，我们往往认为这些体验是受到条件限制的，只有从事某些活动时才会产生。我们认为心流体验发生于条件合适的某些特殊时刻。

我们更相信训练自己自发地对生活中的每件事都产生相同兴奋的心理体验是不太可能的。但庄子的看法截然不同。他教导我们，如果可以从所有的视角去看待世界并理解“物化”的意义，我们就会对宇宙中的万事万物产生更深刻的认识。当我们开始打破感知现实的一般方式，我们就会理解在日常生活中的每一个时刻体验到的自发性的意义。

（根据胡洋译文稍做修改）

(2)

因此我要假定有某一个妖怪，而不是一个真正的上帝（他是至上的真理源泉），这个妖怪的狡诈和欺骗手段不亚于他本领的强大，他用尽了他的机智来骗我。我要认为天、地、颜色、形状、声音以及我们所看到的一切外界事物都不过是他用来骗取我轻信的一些假象和骗局。我要把我自己看成是本来就没有手，没有眼睛，没有肉，没有血，什么感官都没有，而却错误地相信我有这些东西。我要坚决地保持这种想法；如果用这个办法我还认识不了什么真理，那么至少我有能力不去下判断。就是因为这个缘故，我要小心从事，不去相信任何错误的东西，并且使我在精神上做好准备去对付这个大骗子的一切狡诈手段，让他永远没有可能强加给我任何东西，不管他多么强大，多么狡诈。

可是这个打算是非常艰苦吃力的，而且由于某一种惰性使我不知不觉地又回到我日常的生活方式中来。就像一个奴隶在睡梦中享受一种虚构的自由，当他开始怀疑他的自由不过是一场黄粱美梦而害怕醒来时，他就和这些愉快的幻象串通起来，以便得以长时间地受骗一样，我自己也不知不觉地重新掉进我的旧见解中去，我害怕从这种迷迷糊糊的状态中清醒过来，害怕在这个休息的恬静之后随之而来的辛勤工作不但不会在认识真理上给我带来什么光明，反而陷入刚刚在这些难题上搅动起来的阴霾中。

（选自《汉英对照西方哲学名篇选读》）

(3)

经院哲学

在黑暗的中世纪，西欧文化主要由教会来控制。博学的牧师和修道院士汲取希腊哲学的精华，并将其视为教会之所以建立的合理基础，只是在看似与《圣经》的教义相矛盾时，他们才加以改正。亚里士多德（公元前384—公元前322年）是一位伟大的学者，他的观点是经院哲学家思想的基础。经院哲学派，或称经院哲学家们，在追寻亚里士多德和其他学者的思想制定知识纲要时，将该纲要视为最完整的整体，或者等同于为人类所掌握的真理。这一过程始创于罗马时代后期的异教徒皈依者，例如，希坡的奥古斯丁（354—430年），然而，最具影响力的经院哲学家是托马斯·阿奎那（1225—1274年）。这位多米尼加裔的修道士和神学者笔耕不极，并且将亚里士多德学派的观点像水泥一样牢牢地融入了教会生活。如果上帝给了我们理性的礼物，那么真正的理性将不会违背信仰的原则；如果两者相悖，那么信仰应放在第一位。亚里士多德对事物为何如何运行的许多解释在现代意义上是无法成立的。例如，物体下落，是因为它们内在的倾向使然，或者磁体具有吸引铁石的本性。但是，原因是什么呢？经院哲学家们会回答，“因为上帝就是那样制造它们的”。

能够向人类理智揭示的一切已经被揭示——它是一个封闭的体系。新思想不得不小心翼翼地存在着，还要声明它们蕴涵在早期的典籍中，因而，对旧著作的评论成了新思想的合身的外衣。问题是，在教会（往往是腐败的）的淫威之下，自由思想者会发现他们陷入了与宗教法庭一类集团的冲突中。一些人敢于更加自由地思考问题，科学则作为观察和实验方法的学科而诞生。人们不再依赖于旧的典籍，而是准备好走出去接受新的事物。16至17世纪是一个充满挑战的时代，原有的思想和权威受到了动摇。

（赵廷，王煜译）

(4)

Zigong said, “If a ruler not only conferred wide benefits upon the common people, but also compassed the salvation of the whole State, what would you say of him? Surely, you would call him Good?” The Master said, “It would no longer be a matter of ‘Good’. He would without doubt be a Divine Sage. Even Yao and Shun could hardly criticize him. As for Goodness—you yourself desire rank and standing; then help others to get rank and standing. You want to turn your own merits to account; then help others to turn theirs to account—in fact, the ability to take one’s own feelings as a guide—that is the sort of thing that lies in the direction of Goodness.”

（韦利译）

Zigong said, "If a person were able to confer benefits on the people extensively and able to aid the multitude, what would you say of the person? Might the person be called human-hearted?" The Master said, "Why speak only of human-heartedness? A person like this must be called a sage! Even Yao and Shun would find it difficult to accomplish. Human-hearted persons establish others if they want to establish themselves, and they unblock (*da* 达) others if they want to unblock themselves. To be able to draw analogy nearby is the method of becoming human-hearted."

(倪培民译)

(5)

One of the origins of Chinese philosophy is Zhou Yi 周易 (*The Book of Changes*). There is an important passage on the Bamboo Slips unearthed in Jingmen, Hubei Province, in 1993. It states:

The Rituals describes the manners of intercourse.

The Music is used to enjoy or educate.

The Book of History is 口口口口 [sic].

The Book of Odes is a collection of poems of the past and the present.

The Book of Changes is to communicate the *Dao* of nature and the *Dao* of man.

The Spring and Autumn Annals is a collection of affairs of the past and the present.

These bamboo slips were written around 300 BC. They say that change communicates the Dao of nature and the Dao of man. It means that *The Book of Changes* studies the Dao of Heaven (law of Heaven or nature) and the Dao of man (order in society) and why they are connected through a comprehensive study of the subjects. That is, people in ancient times had already realized that they had to include "man" when studying "nature", and when studying "man", they had to involve "Heaven", too. This is "the unity of nature and man". In fact, this had already been revealed in Confucius' Analects. Zi Gong said: "I cannot hear Master Confucius saying about nature and the *Dao* of nature" (Confucius 1980, Gongye Chang). Although Zi Gong had never heard Confucius speak about "nature and the *Dao* of nature", he brought forward this issue, which indicates that there was great interest in the relationship between "human nature" (man) and "the *Dao* of Heaven" (nature). When looking at the development of human society, people originally came across the relationship between "man" and "nature" (Heaven) because humans cannot live without "nature". Therefore, the ancient Chinese always paid attention to "the relationship between man and nature".

Of course, there are various attitudes and methods to deal with "the relationship of man and nature". Some scholars held that man should comply with nature; some scholars thought that man should make use of "nature" to serve man, "know and apply nature to serve people", and some scholars held that "both man and nature have their own laws and advantages". But the mainstream Confucian thinkers believed in "the unity of man and nature". The so-called "unity of man and nature" means that "nature" is inseparable from "man", and "man" is inseparable from "nature", too.

（汤一介）

第七章

（1）

北京城的皇宫巍峨高墙之内的皇家宫殿群，被称为"紫禁城"，也是整个北京城规划的核心。城内有数百座建筑，包括征召臣工觐见的大殿、奏事议政处、内廷机要用房、皇帝本人及皇室的寝宫、侍臣宫女的住所、御膳房、牲口厩以及宫廷里其他杂役的居住区域。城内还设有皇帝的专用佛堂、书房、雅玩收藏室以及御花园。这些功能不一的建筑都自成一体,每个建筑群由几个庭院构成。几乎所有建筑的屋顶都铺着黄色的琉璃瓦;城墙都刷成朱红色,檐下部分则以金黄、翠绿及碧蓝色的图案装饰。凡是重要的大殿和楼阁,通常都要建在汉白玉台阶之上。至于台阶的数目,通常是一层或三层,根据建筑的重要性而定。紫禁城中,各宫殿群均由一条中轴线贯通,但是正如此前提及,不太注意相邻宫殿群的轴线之间的关联关系。

(梁思成)

(2)

万神庙,罗马,意大利(118—125);建筑师匿名,但在哈德良皇帝(Emperor Hadrian)的指导下进行的设计。万神庙不是一座典型的罗马神庙,虽然它的设计汲取了传统范式的营养,但却是独一无二的。例如,它前面的入口在构思上就没有什么特别不同寻常之处,虽然这个入口比"普通"神庙建筑的入口更大、更宏伟。像帕提农神庙(图 7)一样,它在前立面上有 8 根柱子,而不是更为常见的 6 根柱子(即是所谓的八柱式建筑而不是六柱式建筑)。入口门廊两侧有两个小壁龛,曾经放有雕像。值得注意的是分隔内外两个世界的两扇古代青铜大门依然立在那里。室内景观宏伟壮观,超乎想象:一个环形穹隆覆盖的空间巨大的方格式天花,光线从屋顶中央完全开敞的孔洞(小圆窗)中泻入。这座穹隆顶是古罗马工程技术成就的一个标志,它用混凝土浇筑而成,跨度很大。在后来的一千多年中,在伯鲁乃列斯基于 1420 年建造的佛罗伦萨大教堂穹隆顶出现之前,没有比它更大的穹隆顶了。最初,天花板的每一块方格子中都镶嵌有一个镏金的玫瑰花饰,使得整个穹隆顶具有天国的意象。作为一座神庙建筑,万神庙的一个不同寻常之处在于它对室内空间的充分利用,这也说明了在这里举行的宗教仪式会更多地使用内部空间。正是由于这样一个特点,这座建筑尤其适合用作教堂,在罗马帝国正式接受基督教后不久万神庙就被改成了教堂,这也是它得以保存如此完好的原因。曾经覆盖在屋顶上的镏金青铜瓦被送到了君士坦丁堡("新罗马")——君士坦丁在东方建立的基督教首都,在那里,随着旧罗马的落寞，一些宝物被堆放在拜占庭的宫廷中。在中世纪的时候，罗马的人口也大为减少。

（王贵祥译）

(3)

The Belvedere of Viewing Achievements (*Fuwang ge*, also translated as Belvedere of Fulfilled Aspirations) is situated in the fourth courtyard of the garden of the Palace of Tranquil Longevity (*Ningshou gong*) in the northeastern part of the Forbidden City. The most prominent feature of the courtyard, the structure was built in the thirty-seventh year (1772) of the Qianlong reign (1736—1795) of the Qing dynasty (1644—1911) and underwent renovations in the seventh year (1802) of the Jiaqing reign (1796—1820) and the seventeenth year (1891) of the Guangxu reign (1875—1908).

The construction was designed after the Belvedere of Prolonged Spring (*Yanchun ge*), a garden building located in the northwestern part of the Forbidden City. The square, seemingly two-storied structure has, in fact, three interior stories. The pyramidal hip roof is crowned with a spherical finial. The eaves and hips of the roof are overlaid with dark blue glazed tiles while the rest is covered with yellow glazed tiles.

The unique interior design is intricately ornate and ingeniously partitioned into various spaces lavishly decorated with a dazzling array of gold, jade, and enamel inlays. Casually passing through a door or stepping over a threshold can lead to disorientation in what has been referred to colloquially as the "maze building" (*milou*).

Each year on the frigid twenty—first day of the twelfth lunar month, the Qianlong Emperor held a banquet at this belvedere to entertain princes, dukes, ministers, and imperial kinsmen. His son, the Jiaqing Emperor, composed a poem titled "Ode of the

Belvedere of Fulfilled Aspirations" (*Yong fuwang ge*) in the belvedere. The structure is the tallest and largest in the garden of the Palace of Tranquil Longevity. The third story affords a panoramic view of the entire imperial palace and the metropolis beyond the moat.

(Translation edited by Adam J. Ensign and Zhuang Ying)

(4)

From the gate porch a zigzag covered walk with a cobbled path below and parallel to it wound up to a little cottage of three rooms, with the cottage door in the middle one and furniture made to fit the measurements of the rooms. Another small door in the inner room opened on to the back garden with its large pear-tree, broad-leafed plantain and two tiny side courts. Through a foot-wide opening below the back wall flowed a brook which wound past the steps and the lodge to the front court before meandering out through the bamboos.

(杨宪益,戴乃迭译)

参考文献

Alcott, Louisa May. *Little Women* [M]. Shanghai: World Publishing Corporation, 2008.

Barthes, Roland. *Mythologies*[M]. Richard Howard and Annette Lavers, trans. New York: Hill and Wang, 2012.

Bassnett, Susan. Still trapped in the labyrinth: Further reflections on translation and theatre[A]. In Bassnett, Susan & Lefevere, Andrew, eds. *Constructing Cultures: Essays on Literary Translation*[C]. Clevendon: Multilingual Matters, 1998.

Birrell, Anne, trans. *The Classic of Mountains and Seas*[M]. New York: The Penguin Group, 1999.

Cao, Xueqin. *The Story of the Stone*[M]. Hawkes, David, trans. New York: The Penguin Group, 1973.

Chang, Elieen. *Love in a Fallen City*[M]. Kingsbury, Karen S, trans. New York: The Penguin Group, 2007.

Dahl, Roald. *Charlie and the Chocolate Factory*[M]. New York: The Penguin Group, 1998.

Dionne, Craig & Kapadia, Parmita, eds. *Bollywood Shakespeare* [M]. New York: Palgrave Macmillan, 2014.

Du, Fu. *A Little Primer of Tu Fu* [M]. Hawkes, David, trans. Oxford: Clarendon Press, 1967.

Genette, Gerard. *Paratexts: Thresholds of Interpretation* [M]. Cambridge: Cambridge University Press, 1997.

Hatim, Basil & Mason, Ian. *Discourse and the Translator* [M].

Shanghai: Shanghai Foreign Language Press, 2001.

Howard, Goldblatt, trans. *Red Sorghum* [M]. New York: The Penguin Group, 1993.

Jin, Yong. *Legends of the Condor Heroes I: A Hero Born* [M]. Holmwood, Anna, trans. London: MacLeHose, 2018.

Kaplan, Robert B. Cultural Thought Patterns in Inter-cultural Education [J]. *Language Learning*, 1966 (1-2): 1-20.

Katan, David. *Translating Cultures: An Introduction for Translators, Interpreters and Mediators* [M]. Shanghai: Shanghai Foreign Language Press, 2004.

Laozi. *Laozi* [M]. Waley, Arthur, trans. 长沙:湖南人民出版社, 1999.

Laozi. *Dao De Jing* [M]. Roberts, Moss, trans. London: University of California Press, 2001.

Lu, Xun. *Lu Xun's Selected Works Volume One* [M]. Yang Xianyi & Gladys Yang, trans. Beijing: Foreign Languages Press, 1980.

Lu, Xun. *Diary of a Madman and Other Stories* [M]. William A. Lyell, trans. Honolulu: University of Hawaii Press, 1990.

Newmark, Peter. *A Text Book of Translation* [M]. Shanghai: Shanghai Foreign Language Press, 2001.

Ni, Peimin. *Understanding the Analects of Confucius: A New Translation of Lunyu with Annotations* [M]. New York: State University of New York Press, 2017.

Nida, A. Eugene. Linguistics and Ethnology in Translation-Problems [J]. *WORD*, 1945, 1:2, 194-208.

Nida, A. Eugene & Taber, R. Charles. *The Theory and Practice of Translation* [M]. Shanghai: Shanghai Foreign Language Press, 2004.

Nida, A. Eugene. *Language and Culture: Contexts in Translating* [M]. Shanghai: Shanghai Foreign Language Press, 2001.

Puett, Michael & Gross-Loh, Christine. *The Path: A New Way to Think About Everything* [M]. London: Penguin Books Ltd, 2017.

Shen，Congwen. *The Border Town and Other Stories*[M]. Yang，Glady，trans. Beijing：Panda Books Ltd，1981.

Snell-Hornby，Mary. The Professional Translator of Tomorrow：Language Specialist or All-Round Expert? [A]. In Dollerup，Cay & Loddegaard，Anne，eds. *Teaching Translation and Interpreting：Training，Talent and Experience*[C]. Amsterdam & Philadelphia：John Benjamins，1991：9-22.

Strassberg，Richard E.，edited and translated. *A Chinese Bestiary：Strange Creatures from the Guideways Through Mountains and Seas*[M]. California：University of California Press，2002.

Tan，Amy. *The Joy Luck Club* [M]. New York：Random House，1989.

The Smithsonian. Fashion：The Definitive History of Costume and Style[M]. New York：Dorling Kindersley，2012.

Thoreau，Henry D. *Walden*[M]. Princeton and Oxford：Princeton University Press，2004.

Tylor，Edward. B. *Primitive Culture* [M]. London：John Murray，1871.

Venuti，Lawrence. *The Translator's Invisibility：A History of Translation*[M]. Shanghai：Shanghai Foreign Language Education Press，2004.

北京市人民政府外事办公室,北京市民讲外语活动组委会办公室.美食译苑:中文菜单英文译法[M].北京:世界知识出版社,2011.

巴兰坦.建筑与文化:英汉对照[M].王贵详,译.北京:外语教学与研究出版社，2013.

蔡祥元."存在"译法是一种误译吗——回应王路先生对"存在"译法的质疑[J].中山大学学报(社会科学版),2013(3):140-146.

曹雪芹,高鹗.红楼梦[M].杨宪益,戴乃迭,译.*A Dream of Red Mansions*.北京：外文出版社；长沙：湖南人民出版社，1999.

陈波.Being，是，存有，存在？——对"一'是'到底"的诠释、翻译策略的批评[J].广东社会科学，2011 (5)：88-98.

陈东生,甘应进,周丽艳,等.《红楼梦》服饰纹样探究[J].纺织科技进展,2007(2):89-91.

陈平.论柱式体系的形成——从阿尔伯蒂到帕拉第奥的建筑理论[J].文艺研究,2015(8):137-148.

辞海[Z].6版.上海:上海辞书出版社,2015.

达尔.查理和巧克力工厂[M].邓永锵,译.杭州:浙江少年儿童出版社,1985.

达尔.查理和巧克力工厂[M].任溶溶,译.济南:明天出版社,2004.

戴胜.礼记[M].James Legge,译.*The Book of Rites*.郑州:中州古籍出版社,2016.

德莱塞.嘉莉妹妹[M].裘柱常,译.上海:上海译文出版社,2011.

方梦之.译学辞典[Z].上海:上海外语教育出版社,2003.

董志勇.正确理解和翻译being[J].学术探索,2014(4):1-8.

杜兰特.哲学的故事[M].蒋剑峰,张程程,译.北京:新星出版社,2013.

杜兰特.哲学的故事[M].梁春,译.西安:陕西师范大学出版社,2009.

冯友兰.英汉中国哲学简史:中文、英文[M].赵复三,译.南京:江苏文艺出版社,2012.

傅光明.天地一莎翁:莎士比亚的戏剧世界[M].天津:天津人民出版社,2017.

管子.管子[M].孙波,注释.北京:华夏出版社,2000.

郭恒.《山海经》在海外的神话学研究——以石听泉的英文译著为考察中心[J].燕山大学学报,2019(3):29-36.

韩水法,张祥龙,韩林合.汉英对照西方哲学名篇选读[M].北京:北京大学出版社,2014.

胡洋,译.哈佛中国哲学课[M].北京:中信出版社,2017.

黄念然.当代西方文论中的互文性理论[J].外国文学研究,1999(1):15-21.

济慈.济慈诗选:英汉对照[M].屠岸,译.北京:外语教学与研究出版社.2016.

贾卉. 从《红楼梦》霍克斯译本看译者的创造性叛逆[J]. 华东理工大学学报（社会科学版），2007（3）：120-123.
剑桥国际英语词典[Z]. 上海：上海外语教育出版社，2004.
姜燕. 同化或顺应：文学翻译中的认知图式过滤[J]. 甘肃社会科学[J]，2012（3）：86-88.
老子. 道德经：汉英对照[M]. 许渊冲，译. 北京：海豚出版社，2013.
老子. 老子道德经[M]. 辜正坤，译. 北京：北京大学出版社，2008.
老子. 老子如是说：《道德经》新注新译[M]. 吴千之，译. 北京：外语教学与研究出版社，2013.
连淑能. 论中西思维方式[J]. 外语与外语教学，2002（2）：40-46.
梁思成. 中国建筑史[M]. 天津：百花文艺出版社，1998.
梁思成著；林洙编. 为什么研究中国建筑：英汉对照[M]. 北京：外语教学与研究出版社，2011.
刘景泉. 关于文化分类的反思[J]. 广东社会科学，2006（3）：71-78.
刘露，贾卉. 从副文本角度解读郝玉青《射雕英雄传》英译本[J]. 江苏外语教学研究，2019（4）：89-92.
刘宓庆. 文化翻译论纲[M]. 武汉：湖北教育出版社，1999.
刘天华. 略谈中西建筑文化的异同[J]. 学术月刊，1993（10）：74-79，27.
路易莎·梅·奥尔科特. 小妇人[M]. 方菁，方宪，译. 武汉：长江文艺出版社，2018.
鲁刚，郑述谱. 希腊罗马神话词典[Z]. 北京：中国社会科学出版社，1984.
鲁迅. 鲁迅小说集[M]. 沈阳：万卷出版公司，2013.
论语：汉英对照[M]. 杨伯峻，今译；韦利，英译. 长沙：湖南人民出版社；北京：外文出版社，1999.
罗安宪. 多元和合是中国哲学的根本[J]. 中国人民大学学报，2019，33（3）：9-15.
吕俊，侯向群. 英汉翻译教程[M]. 上海：上海外语教育出版社，2001.
米切尔. 乱世佳人（上）[M]. 陈良廷，译. 上海：上海译文出版社，2010.
米切尔．飘(上)[M]．贾文浩，贾文渊，贾令仪，译．飘(上)．西安：陕西师范大学出版社，2008.
米切尔．*Gone with the Wind*[M]．北京：中央编译出版社，2008.
密西尔．飘[M]．傅东华，译．杭州：浙江文艺出版社，1988.
穆慧玲．西方服装史[M]．上海：东华大学出版社，2018.
萨莫森．建筑的古典语言[M]．张欣玮，译．杭州：浙江人民美术出版社，2018.
莎士比亚．罗密欧与朱丽叶[M]．朱生豪，译．北京：人民文学出版社，2003.
莎士比亚．罗密欧与朱丽叶[M]．傅光明，译．台北：台湾商务印书馆，2014.
莎士比亚．哈姆雷特[M]．王宏印，译．上海：上海外语教育出版社，2012.
山海经：汉英对照[M]．陈成，今译；王宏，赵峥，英译．长沙：湖南人民出版社，2010.
沈从文．边城[M]．载张兆和主编《沈从文全集》第8卷．太原：北岳文艺出版社，2002.
沈家煊．有关思维模式的英汉差异[J]．现代外语，2020，43（1）：1-17.
苏富忠．文化的分类体系[J]．烟台大学学报(哲学社会科学版)，2004（3）：262-268.
梭罗．瓦尔登湖[M]．潘庆舲，译．北京：作家出版社，2015.
梭罗．瓦尔登湖[M]．田伟华，译．北京：中国三峡出版社，2010.
梭罗．瓦尔登湖[M]．王光林，译．武汉：长江文艺出版社，2005.
梭罗．瓦尔登湖[M]．徐迟，译．上海：上海译文出版社，1982.
孙致礼．新编英汉翻译教程[M]．上海：上海外语教育出版社，2003.
谭恩美．喜福会[M]．程乃珊，贺培华，严映薇，译．上海：上海译文出版社，2006.
谭恩美．喜福会[M]．田青，译．沈阳：春风文艺出版社，1992.
谈炳和．从中西建筑风格看中西文化之异同[J]．当代世界，2007

(5)：46-48.
唐尼.笛卡尔：当理性遭遇信仰：汉英对照[M].赵廷，王煜，译.大连：大连理工大学出版社，2013.
汤一介.儒释道耶与中国文化：汉英对照[M].北京：外语教学与研究出版社，2016.
陶洁等，选译.希腊罗马神话：英汉对照[M].北京：中国对外翻译出版公司，2008.
王洪涛.互文性理论之于翻译学研究：认识论价值与方法论意义[J].上海翻译，2010(3)：6-11.
王路.Being的翻译[J].清华大学学报(哲学社会科学版)，2013，28(3)：76-87，160.
王路.Being的译名及翻译原则[J].学术研究，2014(10)：16-22.
王路.哲学概念的翻译与理解——以对“Being”的翻译为例[J].哲学动态，2018(3)：60-68.
王威孚，朱磊.关于对“文化”定义的综述[J].江淮论坛，2006(2)：190-192.
王英姿.从being的译名看西方哲学著作术语的翻译[J].江西科技师范学院学报，2008(5)：70-73.
汪裕雄.“道”与“逻各斯”再比较——论中西文化符号的不同取向[J].学术月刊，1995(1)：25-30.
魏家海，赵海莹.中国典籍英译选读[M].武汉：武汉大学出版社，2017.
吴承恩.西游记：汉英对照[M].Jenner，T.E，译.北京：外文出版社，2000.
吴华群，张西虎.中国神话与希腊神话的比较研究[J].社会科学家，2006(6)：168-169，187.
吴琳.中外服饰文化[M].北京：清华大学出版社，2013.
熊兵.翻译研究中的概念混淆——以“翻译策略”“翻译方法”和“翻译技巧”为例[J].中国翻译，2014，35(3)：82-88.
熊欣.跨文化交际理论下的中国菜名英译研究[D].上海：上海外国语大学，2013.

许峰.“文化”的内涵及翻译[J].郑州航空工业管理学院学报(社会科学版)，2008 (4)：94-96，126.
许渊冲.《〈哈姆雷特〉在中国的百年译介述评》补遗[J].中国翻译，2008 (1)：94-96.
杨芳，刘昆.人道与神道——中西哲学宗教观之比较[J].贵州师范大学学报(社会科学版)，2008 (6)：24-28.
杨树彬.中西服饰文化的比较分析[J].学术交流，2000 (6)：129-131.
易中天.闲话中国人[M].上海：上海文艺出版社，2018.
袁成，曹诗图.中西建筑文化比较及其形成背景分析[J].三峡大学学报(人文社会科学版)，2004 (6)：37-40.
袁珂.山海经全译[M].北京：北京联合出版公司，2016.
袁珂.中国神话传说[M].北京：北京联合出版公司，2016.
张爱玲.倾城之恋[M].北京：北京十月艺术出版社，2012.
张慧琴，徐珺.文化语境视角下的《红楼梦》服饰文化汉英翻译探索[J].山东外语教学，2013 (5)：98-101.
张美芳.翻译策略二分法透视[J].天津外国语学院学报，2004 (3)：1-6.
张宁.旅游资料翻译中的文化思考[J].中国翻译，2000(5)：54-56.
张培基，喻云根，李宗杰，等.英汉翻译教程[M].上海：上海外语教育出版社.1980.
张世英.哲学史上的主体性[J].哲学动态，1991 (2)：22-24.
赵炎秋.中西神话仙话比较研究[J].中国文学研究，2001 (3)：59-64.
中华人民共和国国家质量监督检验检疫总局，中国国家标准化管理委员会.公共服务领域英文译写规范：第 3 部分　旅游：GB/T 30240.3-2017 [S].北京：中国标准出版社，2017：5.
中华人民共和国国家质量监督检验检疫总局，中国国家标准化管理委员会.公共服务领域英文译写规范：第 9 部分　餐饮住宿：GB/T 30240.9-2017 [S].北京：中国标准出版社，2017：5.
周领顺，强卉.“厚译”究竟有多厚？——西方翻译理论批评与反思之

—[J]. 外语与外语教学，2016 (6)：103-112，150.
朱生豪.《莎士比亚戏剧全集》译者自序[A]. 姜治文，文军. 翻译批评论[C]. 重庆：重庆大学出版社，2000.